开明教育书系

蔡达峰○主编

U0456398

民主与教育

马叙伦教育文选

马叙伦○著

朱永新 张歌○选编

开明出版社

"开明教育书系"丛书编委会

"开明教育书系"
总　序

　　中国民主促进会（以下简称民进）是以从事教育、文化、出版工作的高、中级知识分子为主的参政党。民进创立以后，在中国共产党的指引和帮助下，积极投身爱国民主运动，在这个过程中，发挥自身优势，举办难民补习培训，创办中学招收群众，参加妇女教育活动，在解放区开展扫盲教育，培养青年教师。

　　新中国成立以后，民进以推进国家教育事业发展为己任，贯彻党的教育方针，倡导呼吁尊师重教。

　　一方面，坚持不懈地为教育发展建言献策。从马叙伦先生在任教育部长时向毛泽东主席反映学生健康问题，得到了毛主席关于"健康第一"的重要批示，到建议设立教师节、建立健全《教师法》《职业技术教育法》《民办教育促进法》等法律法规、深化教育改革、促进学前教育发展、义务教育均等化、加强教师队伍建设、中小学教材建设、减轻学生课业负担等等，提出了一系列高质量的意见建议。

　　另一方面，坚持不懈地开展教育服务。改革开放以来，围绕"四化"建设的需要，持续举办了大量讲座和培训，帮助群众学习，为民工子女、下岗职工、贫困家庭子女、军地两用人才、贫困地区教师等提供教育服务，创办了文化补习学校、业余职业大学、专科学校、业余中学等大批学校，出现了当时全国第一所民办高中、规模最大的民办高校、成人教育学院、民办幼儿教育集团等；不断开展"尊师重教"的慰问、宣传和捐赠等活动，拍摄了电视片《托着太阳升起的人》；举办了一系列教育服务的研讨会和交流会。

在为教育事业长期服务的过程中，民进集聚了越来越多的教育界会员，现有的近19万会员中，约60%来自教育界，其中大部分是中小学教师。广大会员怀着崇高的使命感和责任感，爱岗敬业、默默奉献、积极作为，在教育事业和党派工作中取得了卓越的成就，涌现出无数感人的事迹，赢得了无数的赞誉，涌现出大量优秀教师、校长和著名教育家、专家学者、教育管理者等，他们共同写就了民进的光荣历史，铸就了民进的宝贵财富，是民进的自豪和骄傲。

系统地收集和整理民进会员的教育论著和教育贡献，是民进会史研究和教育的重要任务，对于民进发扬优良传统、加强自身建设、激励履职尽责具有积极的意义，对于我们深入学习多党合作历史、深入开展我国现当代教育历史研究，也具有重要的理论和现实意义。民进中央对此高度重视，组织编辑"开明教育书系"，朱永新副主席和民进中央研究室的同志们辛勤工作，邀请会内外专家学者共同参与，历时数年完成了编写工作。谨此，向各位作者和编辑同志，向开明出版社，向所有关心和支持本书编撰工作的同志，表示诚挚的感谢。

全国人大常委会副委员长
民进中央主席 蔡达峰

2022 年 12 月

教育情缘系终身

——马叙伦的教育生涯

朱永新　张歌

教育家小传

马叙伦（1885—1970），字彝初，后改夷初，号石翁、寒香，晚年号石屋主人。著名教育家、政治活动家、中国语言文字学家、诗人、书法家。1885 年 4 月 27 日生于浙江杭州。1899 年考入杭州养正书塾。1902 年 5 月起先后在上海编辑《选报》，参与创办《新世界学报》《国粹学报》等。1915 年任北京大学教授。1922 年、1924 年、1928 年先后三次在民国政府出任教育次长职务，并一度代理部务。1945 年 12 月 30 日，和王绍鏊、周建人等发起创建了中国民主促进会，并任第一、二届理事会常务理事。1949 年 9 月，作为民进首席代表参加了中国人民政治协商会议第一届全体会议。

中华人民共和国成立后，马叙伦当选为中央人民政府委员、政务院政务委员，并任文化教育委员会副主任、教育部部长，后又任高等教育部部长、全国人大常委会委员、第四届全国政协副主席、中国科学院学部委员等职务。他是民进第三届中央理事会主席,第四、五届中央委员会主席。撰有《说文解字六书疏证》《石鼓文疏记》《天马山房丛著》《老子校诂》《庄子札记》等学术著作,涉及语言文字学,古籍整理、校勘、注疏、训诂,老庄哲学等多个领域。

1970年5月4日,马叙伦在北京逝世,享年86岁。

马叙伦一生结缘教育。他曾在北京①、浙江、广东等地的多所学校执教;先后三次出任民国政府教育次长,一度代理部务,并在浙江主管教育工作;中华人民共和国成立后,他先后担任首任教育部部长和首任高等教育部部长,为新中国文化教育事业的发展作出了重要贡献。回顾他的一生,教育是其中浓墨重彩的华章,也是一条主线,贯穿始终,熠熠生辉。

一、早年经历和革命思想的萌发

1885年4月27日,马叙伦降生在浙江杭州一个家道中落的知识分子家庭。父亲马琛书喜读经学,对他影响颇深。不幸的是,马叙伦11岁时父亲病故,只能靠母亲操劳维持生计。他先后在私塾和义塾读书,也曾跟随汤颐琐先生在温州学习。其间,见到汤先生家里一个9岁的小婢女与她的父亲难舍难分,"号泣欲从以归",不由得悲悯万状,认为"婢亦人子也"。12岁的马叙伦已经怀有平等、仁爱的思想,对劳动人

---

① 自清末至中华人民共和国成立,北京的地名曾多次变更。马叙伦在《我在六十岁以前》中均称之为"北京"。本文中,1928年前,保留口语中的"北京"称谓;1928年至1949年新政协会议召开期间,用"北平"称谓;1949年新政协会议闭幕后,用"北京"称谓。

民的悲惨生活寄予深切的同情。

（一）就读养正书塾，革命思想萌发

1899 年，马叙伦考入养正书塾，这是戊戌变法后在杭州新开办的一所新式学堂，设有国文、算学、掌故、历史、地理、外语等课程。受历史老师陈介石的影响，少年马叙伦接触到《天演论》《法意》《民约论》《明夷待访录》《扬州十日记》等书籍，逐步产生了民族观念和革命思想。由于成绩优秀，马叙伦和同学汤尔和、杜士珍三人成为特班生，也是教备班学生（可以教课，但不算正式教员）。

马叙伦的教育生涯从此扬帆启程。他认真地担负起责任，与同学们亦师亦友。他注重启发式教学："我们的教法，不但用了陈老先生教我们的方法'不愤不启，不悱不发'，我们和他们真'德谟克拉西'（指民主）。我们有时设了一个问题，反而自己退下讲台来坐在学生位子上，请他们里面自动要说话的上去互相质问辩难。"他关注学生的体育，看到求是书院有体操，马叙伦也和高年级同学发起向总理（即校长）上书请求增加，得到同意，自此养正书塾的同学们也有了体操课。他关心学生的社团活动，与同学组织了类似学生会的组织，由高年级同学领导，常常晚上到年级较低的同学宿舍里集合他们，作演讲、辩论，类似现在的座谈会。后来，还和同学一起用获得的优秀奖金办起一个藏书楼，购置书籍报纸，供大家阅读。

养正书塾的经历，不仅丰富了精神世界，充实了学养积淀，结识了良师益友，体验了教育实践，也使少年马叙伦树立起爱国、革命、民主、科学的思想。1901 年，养正书塾更名为杭州府中学堂。次年，为给受学正不公正处罚的同学鸣不平，他同老师陈介石一起去找监督说理，又呈文主管官员，未果，最终以马叙伦等学生被开除告终。此时，他还有一年就可以毕业，校方已经预定明年派他和另外两位同学去日本留学。去日本学陆军回来干革命的愿望化为泡影，为了谋生，马叙伦走上了社会。

（二）参与办报，推介知识，宣传革命

1902 年 5 月，马叙伦同老师陈介石一同前往上海。当时的上海，维新派云集，报纸刊物大量出版，是介绍西方民主、科学思想的重要阵地。马叙伦先后参与了《选报》《新世界学报》《政艺通报》《国粹学报》等报刊的编辑工作，也常常为这些刊物写稿，成为主笔。其中，《选报》由维新派蒋观云主编，主要选取各报中国内外的重要消息，加一篇论说评论政治。《新世界学报》是马叙伦与汤尔和、杜士珍于 1902 年 9 月创办的半月刊，以"通古今中外学术为目的"，"取学界中言之新者为主义"，开宗明义地表达了变法维新的倾向和崇尚新学、学术救国的主张。马叙伦在该报发表了《女子教育平议》《儿童教育平议》《改文字议》《古希腊两大教育家列传》等教育文章，阐述了他关于人性与教育的基本主张。1903 年 8 月，马叙伦受邀编辑《政艺通报》。1905 年 2 月创刊的《国粹学报》是国学保存会的机关报，以爱国、保种、存学为宗旨，阐发学术传统，极力鼓吹民族主义革命，马叙伦是其主要撰稿人之一。

马叙伦在上述报刊上发表的文章，涉及教育学、文字学、宗教学、史学、心理学、法律学、兵学、农学、物理学等领域。一则可以看出他在知识领域涉猎之广博，二则可以看到他思想的超前和眼光的长远。例如：他在女子教育和平权方面有着极为先进的主张，对女子在封建传统中受到的不公正待遇和迫害侮辱表达了同情与愤慨。通过《女子教育平议》强调女子教育的重要性，并大声疾呼："世界公理，男女平等。道衰风敝，夫制其妇，丧天地之大公，背造化之通例"，"愿我中国二万万之女与二万万男子携手而登二十世纪之大舞台，以兴我神州桑梓之土，以强我黄种精神之胄"。1904 年与王瑛结婚时，他自题新房联对

"卿枹独立鼓，我揭自由旗"。在江山县立中学执教期间，马叙伦发起了"天足会"，他始终尊重女性，以平等和激赏的眼光看待女性。在儿童教育方面，马叙伦也有远见卓识，他在《儿童教育平议》中指出：儿童是"我中国之大豪杰、大英雄、大圣贤之父也、祖也、不祧之宗也"，强调要有"体育智育德育"，为儿童的全面发展创造条件。马叙伦介绍国粹国学和西方先进文化的文章也颇具社会影响，起到了推介自然和社会科学知识、阐发民主、开启民智的作用。

这一时期，马叙伦在多地执教。1906 年 2 月，任江山县立中学教习。7 月 30 日，任温州府中学堂国文教员。下半年，应聘在两广师范馆、两广方言学堂执教。1909 年，应浙江官立两级师范学堂之邀，返杭教课。在杭期间，还任《浙江日报》社论主笔，撰文宣传民族（反对满洲一族统驭中国）、民权（推翻专制政体）两种主张。

（三）为实现彻底革命斗争奔走

面对清末的腐朽统治，知识分子对政治改革的要求日渐加强，革命思想灌输到知识青年中，孙中山领导的革命活动逐渐为世人了解，章太炎等极力宣扬革命思想。马叙伦深受影响，在读过《孙逸仙》，了解孙中山的生平事迹后，他在诗中写道"一击满湖烟雨破，谁家天下举杯看"，以双关语（当时在西湖船中，"满湖"谐音"满胡"）表达了反清思想。1910 年，马叙伦加入了同盟会的外围组织南社。

1911 年，马叙伦来到日本，拜访了被清廷通缉避居海外的章太炎。谈及国事，章力主革命，马深以为然，并请章介绍自己加入同盟会。10 月 10 日，辛亥革命爆发，武昌新军起义，各地革命党人纷纷响应。马叙伦、汤尔和等同陈介石商量，在杭州省城办起民团，预备响应起义。随后，他与汤尔和、楼守光分任城里上中下三段的巡守职务。11 月 3 日，上海起义成功。4 日，杭州新军起事响应。随后，在陈介石的劝说下，旗营官兵缴械，杭州光复，浙江省宣告独立。马叙伦任浙江都督府秘书，为革命做了许多具体工作。其间，他的思想和斗争经验愈发成熟了。

1912年元旦，中华民国临时政府成立，孙中山就任临时大总统。1月，马叙伦应邀创办《大共和日报》并担任总编辑，继续宣传革命鼓吹共和。不久，袁世凯窃据临时大总统职务，革命虽然推翻了清朝政府，却没能完成反帝反封建的任务。此时，马叙伦认为自己本来不晓得政治，因为推翻清朝是不能辞谢的责任而参加革命，如今革命已经成功，以后怎样建设中华民国的事情应让学有专长的人去做，自己可以继续做教书匠了。旋即辞去浙江省都督府秘书和印铸局局长的职务，回到浙江省立两级师范学校教书。1913年春，马叙伦应汤尔和的邀请在国立北京医学专门学校当国文教员，并于1915年兼任北京大学文科教授，讲授宋学。

但是，革命并未成功，形势的变化打破了马叙伦不问政治、安心执教的梦想。袁世凯暗地里勾结帝国主义势力，加紧为称帝复辟做准备，主使暗杀了宋教仁。孙中山发起二次革命未能成功。听说从前的友人严复、刘师培等人发起筹安会，为袁世凯筹备"即位大典"，马叙伦颇为不屑，会同国学保存会的黄节写信严厉批驳筹安会的所言所为。得知章太炎因斥责袁世凯被软禁，以绝食抗议，他专程前往探望，巧妙地劝章用餐，保存革命力量。

1915年12月12日，袁世凯宣布"接受"帝位，马叙伦不愿在袁皇帝"辇毂之下"混事，愤而辞去北大和医专的教职，以示抗议。此事经过多家报纸的报道，"挂冠教授"一时名满京沪。他还鼓励和支持学生廖容在广东纠集旧部起兵讨袁，用骈文为其起草檄文，发表在香港的报纸上。廖容结集七个营的兵力，同西南各军配合蔡锷的护国军北上讨袁。在全国人民的反对和声讨下，1916年3月22日，袁世凯被迫取消帝制。马叙伦特别珍视章太炎寄来的一封信，因为发信时邮政局的钢印是洪宪元年，收信时邮政局的钢印是中华民国五年，同一封信上的两款邮政钢印见证了帝制的灭亡，他坚信并为之奋斗的革命胜利了。

二、在学界和政界穿行的教育家

马叙伦一生钟情教育，追求真理，民国时期曾数次在浙江省政府和民国政府任职，但时间都不长，便重返教师岗位。其间，他三次出任民国政府教育次长，一度代理部务，又四进四出北大，还曾在浙江省立第一师范学校、北京高等师范学校等校任教。在学界和政界之间，他无疑是更热爱学界的，但历史的大手轻轻一推，他便走上了时代的舞台。

（一）维持北大，领导"索薪"运动

1916年8月1日，中华民国国会复会，黎元洪宣誓就任中华民国大总统。1917年，受蔡元培邀请，马叙伦重回北大任哲学系教授，辞去了浙江财政厅秘书的职务。在北大"教书不问别事"的他于1918年先后有《古书疑义举例札迻》《庄子札记》等学术著作付印。不想平地一声雷，五四运动爆发了，学生集会要求政府拒绝签订丧权辱国的条约，惩办卖国贼，北洋军阀政府却转而殴打和逮捕爱国学生。为抗议当局镇压五四运动，北大校长蔡元培辞职离京。

目睹此情此景，马叙伦毅然走出书斋。1919年5月10日，他与李大钊等八人作为北大教职员代表赴教育部请愿，表示若蔡元培不留任，即一致总辞职。6月10日，北京中等以上学校教职员联合会成立，康宝忠为主席，马叙伦为书记。自此以后，他与北京教育界发生着紧密的联系，领导和参与北京教育界的爱国民主斗争。他曾经回忆说："长长的十八年里，教育、革命、抗战虽则说不上是我领导着，我也不客气地

承认我是关系人里面重要的一个。那时，由教职员联合会向政府说话，所有披露的文字，都出于我的手里……"可见其实际的作用与影响。

6月4日，为了慰问被关押在北大第三院的爱国学生，教联会推举了马叙伦等八位代表前往看望，在门口遭到反动军警阻拦。汇文大学的代表博晨光是美国人，大踏步朝里走，军警不敢阻拦，马叙伦趁势跟了进去。学生们见了老师，分外亲切，要求他作演说。他急中生智，用文言将外面的消息讲述给学生们，鼓励他们一番，没有文化的军警们不明就里，无可奈何。马叙伦不负重托，完成了任务。

这段时间，马叙伦主持教联会工作，联络北京各大、中学校，协调校内外的爱国民主运动，同时代为处理北大日常校务工作，为北大的发展殚精竭虑。一天，他得知有人发起签名要将北大迁往上海，立刻会同刘文典、陈独秀等人劝阻，提出"我们不是要奋斗？奋斗是要在黑暗里的"，取得全校师生的支持，将一场变故消弭于无形。随着形势的发展，社会广泛支持学生的爱国义举，工人罢工、学生罢课、商人罢市，北洋军阀政府迫于压力，拒绝在凡尔赛和约上签字，五四运动的直接目标胜利实现。趁此时机，马叙伦于6月28日、7月28日两次致函蔡元培，催促他"北行"，并两次让汤尔和面劝蔡元培。8月9日，蔡元培复函，表述"五四以后承公苦心维持，北大得以保存，众口同声，弟闻之不胜钦敬"……9月，蔡元培返京，再次出任北大校长。经过斗争的洗礼，马叙伦在北大乃至北京教育界的威望进一步提升。

五四运动以后，北洋军阀政府独裁统治依旧，他们缩减挪用其他经费特别是教育经费，教职员工的薪水时常被拖欠，无以为生。深孚众望的马叙伦，再次承担起领导"索薪运动"的重任。作为北京小学以上各校教职员联合会主席，他代表全市教职员同相关部门交涉，并领导北京国立八所院校罢教，斗争取得了暂时的胜利。

1921年春，政府再次停发教职员工资，请愿未果的国立八所院校教师再次罢课。6月3日，马叙伦、李大钊等师生数千人赴总统府，向徐世昌请愿，要求发放拖欠薪水、设立教育基金和教育经费独立。请愿者在新华门遭到卫兵的阻拦、殴打，马、李两人作为八校教职员联合会的主席和书记，走在最前列，惨遭毒打，后被送进首善医院。在医院期间，伤者受到监视，失去人身自由，马叙伦绝食表示抗议。"六三事件"的消息传出，国内教育界广泛声援，孙中山也从广州拍来电报表示支援，北洋军阀政府不得不拨付部分薪金，大总统徐世昌下台。

这次受伤使马叙伦脑中淤血，时时作痛，9月初，他返回杭州休养。同月，受邀担任浙江省立第一师范学校校长。此前，该校的两任校长分别因为学生风潮和学生自治会而离校。马叙伦"拿北大教授治校的办法推行到一师，同时仍不去削弱学生自治会的权力，调剂了一下，算得相安无事"（其间虽有风波，最终还是化解），还就一师校舍失修的情况提出修理案，争取到维修资金，赢得了学生的支持和好感。他还作为实际教育调查社浙省出席代表赴北京，提出了整顿教育意见书，包括"教育调查机关，当由各省自组织之"，"改良视学制度"，"整顿教育行政，任用中等学校校长"等十一项，针对"中学毕业生，不能谋生活之危险"，"中等学校教员，不能专心研究学术之苦况"，"教育经费之征收及支配，宜独立"等情况，提出要切实解决教育中面临的实际问题。1922年6月，马叙伦任浙江教育厅厅长。上任之初，他便"巡视了萧山、绍兴两县，给浙江乃至全国开了一个教育厅长不专在公事房看报告的风气"。杭州教育界一向存在派系之争，一派前进，一派保守，马叙伦尽量"独立而不倚"，也难免受到攻讦。

（二）三次出任民国政府教育次长，改进教育行政

1922年9月25日，马叙伦被任命为民国政府教育次长，随即返京。这是他首次担任教育次长，执掌中央教育行政。民国时期政局动荡，内

阁变动频繁，教育风潮迭起，教育部门历来不受重视，教育部长、次长更替是家常便饭。马叙伦与北京教育界素有渊源，有做事情的经验和主张，其间经历过数次教育风潮，他多方设法处理，最终还是无法在北洋军阀政府的统治下，实现科学的、合理的、健康的教育。正如孙中山先生在"六三事件"发生后拍来的电报中所说："在伪政府之下，决无教育发展希望，况复摧残至此"，但"因为和北京教育界的关系也不得不去，希望更有作为，更不得不去"，马叙伦还是倾尽全力地去做了。

马叙伦首任教育次长期间，黎元洪任总统，政府仍无维持教育的诚意，前后几任教育总长因各种原因去职，甚至不得不由其他部门的总长兼署教育总长。为解决欠薪问题，时任教育总长的汤尔和提出增加关税，教育经费从关税项目中拨付。马叙伦经历了中等教育"三三制"改革，也就是改原学制为"壬戌学制"。"壬戌学制"受美国教育影响较大，在中国近代教育史上有重要地位。这一改革在此前的教育总长任内已然开始，最终确立是在汤尔和与马叙伦任内。11月29日，因抗议当局迫害财政总长，汤、马两人辞职。马叙伦此次任职不过两个月时间，仍回北大教书。

教书不忘爱国，国家大事始终牵动着马叙伦的心。1923年，他接受孙中山的三民主义思想，于年底正式加入国民党。1924年1月，国民党一大确立了"联俄、联共、扶助农工"三大政策。会后在北京成立了国民党执行部，李大钊任组织部部长，马叙伦任宣传部部长。两人既是北大的同事，也是有着共同革命理想的同志。同年年底，他看到内务部来文要逮捕李寿长，知道是李守常（即李大钊）之音讹，冒着风险压下来文，并嘱李躲避。他回忆说："守常亦是时北平共产党部领袖也。余时虽反对共产之暴动政策，然未尝反对纯正之社会主义。"可见其为人之仁厚，思想之进步。

针对北洋军阀政府压制教育、禁锢思想、镇压革命，马叙伦于

1924 年 1 月 20 日发表了《军阀宰制底下的教育家的精神和工作》，阐述了应推行革命教育的主张："在军阀宰制底下从事教育的教育家，尤其是在军阀巢窟里从事教育的教育家，都奋起了尽力倾覆军阀、根本铲除真正平民政治的障碍物的精神"，"要将自己奋斗的精神移植到被教育的身上，而且用种种方法铸造成民众革命的战卒，听到动员令自能勇猛无前地去奋斗"，"必须有民众的政治革命的精神，因为非此亦不能找出为教育而教育的一条新生命"，"中国最近的未来的时期里，要离开政治问题纯粹地讲教育是不可能的，所以不如干干脆脆地来讲革命教育"。

10 月，冯玉祥发动政变，改组内阁摄政。11 月，段祺瑞建立执政府。年底，马叙伦第二次出任教育次长，由于总长更迭，实际上是次长代理部务。马叙伦本不想做官，但多数朋友认为"教育部关系革命很大，我们不应放弃"，于是他"成了直接的当家人了"。当时的执政府无心教育，马叙伦也无法真正地推广和革新教育，但总算能够"把北京的大中小各校维持得好"，使各校的朋友对他宛如家人。

在实际代理部务过程中，马叙伦在教育人事安排上做了部分调整，着力解决教育经费问题，并设法改进教育行政。12 月，他在国务会议上代表教育部提议将东西陵附近之森林产业拨充教育基金，又提议在崇关①税收项下，增附加税一成，作为扩充北京地方教育经费。1925 年，又提出提高教育部职员待遇，解决国立各校的教育经费问题，要求教育经费独立、教育基金宜制定专款、小学教育应由国家补助薪金。3 月，因经费困难，他联络各方，拟发行一百万教育债券。他还组建了教育行政讨论会，请教育专家蔡元培、蒋梦麟等人加入，为教育部的"顾问咨议"，试图改进教育。经过种种努力，马叙伦的工作虽未能收到全部成

---

① 崇关指崇文门税关。机构名，京师税收总机关。——编者注

效，也得到相当程度的认可。

同年 3 月，马叙伦辞去教育次长职务，重返北大任教。5 月，发生了震惊中外的五卅惨案，他联合各界人士组织了五卅惨案后援会，有力地支援了上海的工人运动。因此，马叙伦遭到段祺瑞政府的嫉恨，被特务跟踪。

1926 年 1 月，马叙伦被委派督办教育特税事宜。他本就主张教育经费独立，专门拟了一个教育特税办法，在国务会议上通过。3 月，督办教育特税公署成立，马叙伦希望"本自救救国之精神，一守教育界清高卓绝之习惯，努力做事，幸勿沾染任何衙署之官僚积习"。然而征收的教育特税，往往为各处截留，教育经费依旧没有着落。三一八惨案发生后，马叙伦愤然写下辞职呈文，怒斥执政府对爱国学生"杀之而又坐以倡乱之罪，加以暴徒之名，是国家育才养士，而不欲其爱国也，则亦何用教育"。为此他遭到通缉，不得已避居东交民巷。

4 月，奉系军阀入京，马叙伦回到杭州。在杭州，他力劝好友浙江省省长夏超宣布独立，响应北伐军，并代表夏超赴广东与国民党中央党部主席张静江等接洽。不久，夏超兵败遇害，马叙伦与蔡元培避难象山。

1927 年 2 月，北伐军攻占杭州后，马叙伦与蔡元培返回杭州。3 月，任浙江临时政治会议委员，后任省政府委员兼民政厅厅长、省政务委员会主席。他依旧是"清白乃心"的本色，从"吏治"入手，慎重选任县长、警察所长，严词拒绝了钻营投机者送来的珍贵文物，政风为之一肃。同年，他任浙江省民政厅厅长，通令各县县长革除陋俗，包括严禁缠足束胸、严禁溺女、严禁吸种及贩运鸦片、禁止赌博及发售有奖彩票、严禁买卖人口、废除各地堕民及类似堕民之制度、劝导婚丧庆吊务从节俭等七条，推动移风易俗，起到了教育民众的作用。8 月，他辞去浙江省的职务。

1928 年 10 月，马叙伦出任南京国民政府教育部政务次长，这是他第三次参与执掌中央教育行政。据他回忆，还是"每日早到迟归，'案无留牍'，也办了一件改革大学制度的事情，又替蒋部长顶了二次大学潮"。马叙伦所说的改革，是指 1929 年 7 月国民政府颁布的《大学组织法》等系列文件，去除党化教育的禁锢。此外，他还参与设立教育方案编制委员会、大学课程标准起草委员会、中小学课程标准起草委员会等。

1929 年 5 月，马叙伦向全国阐述了教育宗旨问题，认为："教育是立国的根本事业，一个国家要想在世界上立得住脚，非从教育上立基础不可"，"一个国家的教育，因时代的不同，国情的不同，必须有适应时代，适应国情的一个教育宗旨，然后才能养成人民的生存的知识与技能，得到人民美满求生存的效果"。但国民教育中逾越制度的事情仍有发生，如中央党部政治会议不经国民政府和行政院直接将考试院院长戴季陶的计划发教育部要求照办，蒋介石通过便函让教育部发给某留日学生书籍费等，马叙伦拒绝了上述无理要求，最终于 1929 年 11 月辞职返杭。

1931 年 2 月，马叙伦重返北大任教。此前此后，他忙于撰写《说文解字六书疏证》，"只教书，不问事，连评议会当选也不应，才把《疏证》又陆续写了许多"。不久，日本大举侵华，国难当头，他毅然投身抗日救亡运动。

三、忠诚的爱国主义者和坚强的民主战士

（一）参与抗日活动，为国事奔走

九一八事变后，东北沦陷，爱国学生群起游行示威，抗议南京国民政府的不抵抗政策。马叙伦对此表示同情，他在 1931 年写给儿子的信

中认为：外侮日深，国命频急，"青年而又较有知识者，激于义愤，鼓其感情，在一二人犹有不能自抑之势"，"徒于青青子衿，予之同情之余，怜之惜之耳"。他希望青年学子学习"伏枥之奔骏"，未来以科学和学术救国，直言批评政府的内政外交政策。1935年夏《何梅协定》签订，华北危在旦夕，马叙伦等北平文化、教育界的人士，"从前怎样慷慨激昂伴生命来革命的，自然更受不住"。10月，中共中央和中华苏维埃共和国中央政府发表了《为抗日救国告全体同胞书》（即《八一宣言》）。两相对比，马叙伦坚定地站在了中国共产党领导的抗日民族统一战线一边。

1936年1月27日，马叙伦与严景耀、许德珩等诸教授组建了北平文化界抗日救国会，并联名发表宣言高度评价学生的爱国行动，称其"为民族争生存，愿意牺牲他们的宝贵光阴，愿意以赤血洗白刃，而为民众的前驱，作救国的斗士"。马叙伦当选救国会主席，此时上海有了百岁老人马良先生领导的救国会，时称"南北救国，惟马首是瞻"。1月28日，他在北平一·二八抗战四周年纪念会上致辞，表示"誓与同学们共赴国难"。1月30日，马叙伦任华北民众救国联合会主席。同年，北京大学五四运动十七周年纪念会上，军警封锁会场，他冲入会场即席演讲，勉励学生"以社会主义救国"。马叙伦还和许德珩、杨秀峰、邢西萍、张申府等建立了一个以实现社会主义为运动目标的小组织，其思想随着革命大潮不断前进。

同年，马叙伦辞去北大教职，回到杭州。秋，受王昆仑所托，他前往四川劝说军阀刘湘逼蒋抗日。12月，张学良、杨虎城发动兵谏，将蒋介石扣留在西安。为稳定国内局势，联蒋抗日，马叙伦再次赴四川面见刘湘，并将郭春涛推荐给刘做顾问。1937年7月，七七事变爆发。8月，发生了上海虹桥机场事件。马叙伦"晓得世界的战事还会因此而起，上海是绝对不安全的，但是，也是相对可以避避乱的"，于是携家眷避居上海。因为"是在北平文化界抗日救国会当过主席的，自然不能露面"，在之江大学的任课也因身体问题辞去，他失去了生活来源，一时贫病交加，"索逋如梭灶断烟"。

此时，老朋友汤尔和投敌当了汉奸，邀请他担任北大校长，马叙伦愤怒地申明"我是为了抗日救国而被迫离开北大的。现在敌人全面进攻，国难严重，我岂能回到敌人刺刀下去混饭吃?"其间，他掩护了来上海做地下工作的国民政府军委会前参谋姜绍谟，并受姜所托约谈已在汪伪政府做官的陈公博，劝说这位从前的北大学生与汪精卫悬崖勒马。不想陈非但不听劝谏，还想邀请老师出山帮忙，马叙伦不愿同流合污，严词拒绝并拒收陈送来的钱粮。他化名邹华孙，闭门著书，继续撰写《说文解字六书疏证》，这部 30 卷、240 万字的皇皇巨著，90% 的篇幅是在这段时间完成的。书稿杀青，受到学术界的高度评价。

(二) 为争民主，发起成立中国民主促进会

1945 年 8 月 15 日，日本投降，中国人民欢庆胜利。马叙伦得此消息，"喜动衰颜自觉狂"。然而好景不长，国民党大员接收上海，却趁机中饱私囊、倒行逆施。他与朋友常谈起政治问题，想找一个国家、民族的出路。8 月 25 日，中国共产党发表《对目前时局的宣言》，提出和平民主团结的建国总方针。马叙伦对国民党的行径颇为愤慨，对解放区共产党的艰苦奋斗十分称颂，请傅雷帮助了解中共对今后局势的态度和打算。傅雷通过姜椿芳牵线，约梅益和马叙伦见面，双方相谈甚欢。

9 月 8 日，唐弢、柯灵主编的《周报》创刊，发刊词中就提出要"加强团结，实行民主"。10 月 13 日，郑振铎、徐伯昕、蒋天佐、罗稷南等创办了《民主》杂志。以这两份进步刊物为阵地，集中了一批文化界的知名人士如周建人、林汉达、许广平、李平心、傅雷、严景耀、董秋斯等。马叙伦经常为《周报》《民主》《文萃》《昌言》《新文化》等

刊物撰稿，揭露国民党政府专制独裁的行径，逐渐成为这批文化界人士的领头人。与此同时，王绍鏊也团结了一批上海工商界和文化界的知名人士，如陈巳生、谢仁冰、刘树梅、张纪元等。

一次，针对蒋介石"先统一后民主"的论调，王绍鏊撰文指出要"先民主后统一"，马叙伦深有同感，于是通过谢仁冰约王绍鏊见面。双方的朋友首次在北京西路的广和居楼上聚会，后经常座谈。共同的奋斗目标使这两支队伍走到了一起，大家提出希望成立比较永久性的组织，以便长期共同战斗。

1945 年 12 月 30 日，马叙伦与王绍鏊、周建人、许广平、赵朴初、雷洁琼等发起成立中国民主促进会。成立大会通过的简章中明确规定本组织"以发扬民主精神推进中国民主政治之实践为宗旨"。1946 年 1 月 2 日，民进第二次会员大会召开，一致通过了《中国民主促进会对于时局的宣言》，全面阐述了民进对国际国内形势的立场观点，公开宣布了自己的政治主张。1 月 4 日，民进一届理事会一次会议上，马叙伦当选为常务理事，他也是民进组织的实际领导者。

经过几十年的革命洗礼，马叙伦清醒地认识到：自己早些年几度走上政治舞台，几次担任最高教育行政机关的职务，想通过搞好政治来办好教育是徒劳的——"国家不真正民主，政治没办法，教育也没办法，乃至一切都没办法"，"只有把政治放在真正的坚固的民主磐石上，才是唯一安全永逸的计划。我们只有加紧我们的步伐，集中我们的力量，争取民主，实现民主"。

（三）民进的领导人，坚强的民主战士

民进成立后，立即参与到反对内战、反对独裁、反对卖国的爱国民主运动中。1946 年 1 月 10 日，政协会议在重庆召开。会前，马叙伦便撰写了《写在政治协商会议以前》《政治协商会议的暗礁》《写在政治协

商会议开幕以前》等文章，表示对会议的关注和希望。会中，他发表了《政治协商会议的大礁是什么?》《关于国民大会最后的饶舌》等文章。会后，他撰文《写在政治协商会议闭幕以后》，指出会议"虽然有了成果，但是和我们的希望距离还远"，呼吁全国人民监督国民党执行诺言和决议。

2月10日，重庆发生了"较场口事件"，李公朴、施复亮、郭沫若、陶行知、章乃器、马寅初等被国民党特务打伤。马叙伦立即发表《重庆有我们的中央政府吗?》，谴责国民党政府的暴行。3月，国民党六届二中全会召开，公然表示要撕毁政协决议。马叙伦发表了《写在国民党二中全会期内》《国民党二中全会闭幕后》和《当前一个严重问题》等文章，指出国民党破坏政协决议，是要使全国人民"再流一次政治血"，其结果必然是被"时代轮子辗坏"!

此外，马叙伦还领导民进参与组织玉佛寺公祭于再烈士，支持上海大中学生的爱国民主运动，抗议国民党反动当局屠杀进步青年，制造"白蒲事件""南通惨案"等。在南通惨案报告会上，马叙伦指出，在当今社会上，争取民主就要准备付出血的代价，"我今天在这里讲话，就准备会后出不了大门"。3月，为揭露伪装民主的上海市参议会议员选举，他发表了《反对不民主的上海市参议会》。4月，马叙伦等民进会员支持上海工人运动，吊唁"四八"遇难烈士，支持中小学教师请愿活动，并发表《从人心说到教育》等文章。

马叙伦年高德劭，是民进活动的组织者、领导者，在一系列爱国民主运动中起到旗帜的作用。早在1月4日民进一届理事会一次会议上，马叙伦就提出要和民盟、民建的在沪组织及上海的其他党派团体加强联系，互相交换意见，以达到统一认识，共同行动。为实现各爱国民主力量的团结联合，5月5日，民进与上海纺织业、丝织业、机械业等工会以及妇女、文化、医药、教师等各界52个团体组织成立了上海人民团体联合会。随后，马叙伦与民进和其他各界知名人士王绍鏊、唐弢、许广平、周建人、林汉达、郑振铎、徐伯昕、雷洁琼等 164 人联名上书蒋介石、马歇尔、民盟、青年党及中共代表周恩来等，呼吁停止内战。6月 11 日，周恩来、董必武、陆定一、邓颖超四人联名给马叙伦等复函，高度评价了他们为国是不辞辛劳的热忱"感人至深，曷胜钦仰"。

为反对内战，实现和平，民进、民建及上海人民团体联合会等组织决定，以上海人民反内战大会的名义推派代表赴南京呼吁和平，选出了以马叙伦为团长，雷洁琼等八人为团员的和平请愿团。在中共地下党的帮助和支持下，6月 23 日，上海人民反内战暨欢送和平请愿团赴京大会在北火车站举行。请愿代表乘坐火车抵达南京下关车站后，竟遭伪装成难民的国民党特务殴打，马叙伦、雷洁琼等被打成重伤。得知此事，周恩来、董必武、滕代远、邓颖超等立即赶到医院看望受伤代表。周恩来说："你们的血是不会白流的。"马叙伦回答："中国的希望只能寄托在你们身上。"毛泽东、朱德也从延安发来电报，表示亲切慰问。

6月 25 日，马叙伦在医院接受记者采访，说道："我这大的年纪怕死吗？只要死得有代价，我在死前能看到中国永久的和平！"随后又写下这样的感慨："我们虽则被殴受伤，但是我们对于和平的努力始终不敢少懈，我希望上海以及全国的人民必须仍向这个方向共同努力，把国家于危险中救出。""六二三"南京下关事件撕下了蒋介石的伪装，教育了广大人民群众，也使民进认识到中国共产党才是中国真正的希望所在，坚定地接受共产党的领导。

这一时期，马叙伦以笔为刀，写下了大量文章，揭露国民党的独裁面目、专制政策、内战阴谋，高举和平与民主的旗帜，呼吁人们擦亮眼睛，以行动争取权利，对唤醒民众、支援第二条战线上的斗争起到了重要作用。他在《思想解放》中指出：民众思想一经桎梏，其知识即不健全，以不能接受多方面之道理。其最大之患为理路不清，亦即认识不清，如个人与国家常不能别。社会之组织不健全，则政府有不忠实之行为，则瞠目坐视而莫知如何。治本之道，自惟教育。而莫要于解放思想。桎梏思想之教育，是谓奴化教育。在接受《联合晚报》采访时，他说："做坏事者为自己做够了反宣传，使老百姓明白他是怎样的面目，正促使了老百姓的觉悟"，"今天已不是国共问题，而是民主与反民主问题"。

1946 年 8 月，《马叙伦言论集》由山东新华书店出版，收入《走上民主的路吧》等 24 篇政论文章。此前此后，他的战斗檄文持续不断地推出。当时，很多文章的写作与中共地下党有着密切的关系——中共地下党员温崇实常给马叙伦提供素材，包括蒋介石方面内部的情况，共产党方面的内部消息，他就根据这些资料连夜写稿发表。

马叙伦个人和民进组织的英勇斗争，使国民党反动政府恨之入骨。为扑灭民主的火焰，他们通过了所谓《国家总动员令案》，下达"戡乱动员令"，暗杀爱国民主人士，宣布进步民主党派为非法组织"严加取缔"，《周报》《民主》也被勒令停刊。马叙伦愤怒地指出："我自然预备着接受一颗子弹，但是我也预备还他一颗原子炸弹。" 10 月，他预立遗嘱，表示置生死于度外——求仁得仁，无所归怨。随后，致函国民党政府行政院院长张群，直言"捕杀不辞，驱胁无畏"。

为保护爱国民主力量，中共中央于 1947 年 5 月指示蒋管区的党组织"要保护我党及民主进步力量"。通过中共上海地下党的安排，马叙伦、王绍鏊等人转移到香港。初到香港时，民进的在港会员不多，马叙伦就同王绍鏊、徐伯昕联合李济深、沈钧儒、章伯钧等民主人士，以聚餐会的方式，座谈国内形势，商讨斗争策略。同时，继续撰写文章，揭露、抨击国民党的反动行径，宣传、歌颂共产党的政治主张。这一时期，他在《群众》杂志和《华商报》这两份有着红色背景的刊物上发表了《做中国人该勇敢地迎接大革命》《这救得了南京独裁政权的命?》

《从"正名"说到民主国家的叛逆》《中国人民不会再受骗的》《为台湾二月革命周年》《我们该大踏步前进》等政论文章，阐述了革命思想。

（四）响应中共"五一"口号，参与协商建国

1948年4月30日，中共中央发布了具有历史意义的《纪念"五一"劳动节口号》，第五条提到"各民主党派、各人民团体、各社会贤达迅速召开政治协商会议，讨论并实现召集人民代表大会，成立民主联合政府"。5月5日，马叙伦与李济深、何香凝、沈钧儒、章伯钧等联名致电毛泽东，响应"五一口号"，表示要和共产党一起"共同策进，完成大业"。马叙伦还写下《读了中共"五一"口号以后》一文，盛赞"这次的口号，是历史上重要的文献，转捩时局的曙钟"。

随着解放战争节节胜利，为参与新政治协商会议筹备工作，马叙伦等人在中共地下党的安排下于11月底离开香港北上，12月初到东北解放区，后抵达北平。1949年1月，蒋介石发表求和声明，马叙伦与李济深、沈钧儒等人联名发表《我们对时局的意见》，支持毛泽东《关于时局的声明》中提出的和平谈判的八项条件。这一阶段，他以民进领导人的身份，代表民进多次发表拥护中共各项主张和行动，揭露蒋介石企图用和谈拖延时间，号召会员与蒋家王朝做最后斗争的文稿。

6月15日，中国人民政治协商会议筹备会议在北平中南海勤政殿开幕。马叙伦代表中国民主促进会出席会议，并被选为筹备会常务委员会委员。会议决定成立六个小组，分工负责建立新中国的各项工作，他参加第一小组，拟定参加中国人民政治协商会议之单位及其代表名额，同时任第六小组组长，负责拟定国旗、国徽、国歌方案。

9月21日，中国人民政治协商会议第一届全体会议在北平中南海怀仁堂开幕，马叙伦等九人作为中国民主促进会的代表出席会议。会议期间，他任《国旗、国徽、国都、纪年方案》审查委员会召集人，并

作为民进首席代表在全体会议上发言，指出"没有无产阶级的领导，中国反帝反封建的革命是不能成功的"。

9 月 25 日晚，毛泽东、周恩来在中南海丰泽园召开座谈会，听取关于国旗、国徽、国歌、纪年、国都问题的意见。由于国歌一时间无法创作出来，马叙伦提议用《义勇军进行曲》暂代国歌，得到与会者一致赞同。此后，《义勇军进行曲》作为代国歌，后来又作为国歌传唱至今。

9 月 30 日，马叙伦当选政协第一届全国委员会委员，并任常务委员会委员，还被选为中央人民政府委员。10 月 1 日，他登上天安门城楼，出席了中华人民共和国开国大典。10 月 9 日，政协一届一次会议召开。马叙伦此时因病在家休养，故委托许广平向会议提出"请政府明定 10 月 1 日为中华人民共和国国庆日，以代替 10 月 10 日的旧国庆日"。会上，毛泽东即席请与会者讨论，一致通过了这个议案并决定送中央人民政府采择施行。同年，中央人民政府委员会第四次会议通过了《关于中华人民共和国国庆日的决议》，十月一日正式成为新中国的国庆日。10 月 19 日，马叙伦被任命为政务院政务委员、文化教育委员会副主任、教育部部长。

中华人民共和国成立了，中国人民从此站起来了。回顾颠沛流离、为国为民奔走的大半生，终于安得归宿，马叙伦心潮澎湃，挥毫写下"得宿"二字。他的人生也开启了新的篇章。

四、新中国教育事业的重要领导人与奠基者

新中国成立伊始，百废待兴，改造旧教育，建立新的人民教育成为亟待开展的工作。马叙伦作为中华人民共和国的第一任教育部部长，深感党和人民对自己的信任，也深知这项任务的重要和艰难。他曾三次出任民国政府教育次长，却始终无法实现教育理想和抱负，如今有了为人

民教育服务的舞台和条件，当即全身心地投入了工作。

（一）为新中国教育事业奠基

在旧社会，工农及其子弟是被排斥在学校外的。新社会，教育要面向工农大众，提高人民的文化水平。如何改造旧教育，新中国的教育如何起步，是马叙伦和教育部同仁面临的首要问题。1949 年 11 月，中华人民共和国教育部成立。12 月 23 日，马叙伦主持召开了第一次全国教育工作会议并作报告。他根据《中国人民政治协商会议共同纲领》，具体阐述了新中国教育的性质和总任务，指出新教育是新民主主义的，即民族的、科学的、大众的教育；明确了教育改革的任务、教育部的工作方针等，分析了开展新教育的有利条件。他指出，教育的具体工作方针是"有计划、有步骤、有重点，稳步前进"，对旧教育要采取"坚决改造、逐步实现"的方针，同时"批判吸收历史遗产中优良部分"。会议还作出了"建设新民主主义教育"，"教育必须为国家建设服务，学校必须为工农开门"，"发展教育要普及和提高相结合"等决定。这是新中国教育史上一次重要的会议，其内容是集体智慧的结晶，科学合理地作出教育规划部署，为奠定新中国教育事业的基础起到了引领作用。

会后，全国各地贯彻落实会议精神，新中国的教育事业呈现全新的发展态势：中国人民大学、民族学院和工农速成中学兴建起来，一批工农干部及优秀产业工人被选拔到学校深造，开办了许多工人补习学校，开展了全国规模的识字运动，加强师资培训，解决师资缺乏的困难，发展中等技术教育以适应经济建设的需要。此外，还有计划有步骤地变革了全国教育制度，推进了各级学校的课程、教材、教学方法、师资等相关工作。

马叙伦以时不我待的精神，与钱俊瑞、韦悫、曾昭抡三位副部长一同主持改造旧教育，开创人民教育。自 1949 年 12 月至 1951 年 9 月，他先后主持召开了第一次全国教育工作会议、第一次全国高等教育会议、第一次全国工农教育会议、第一次全国中等教育会议、第一次全国中等技术教育会议、第一次全国初等教育会议及师范教育会议、第一次全国民族教育会议，还召开了社会教育、职业教育以及业余教育会议，举办了全国初等教育展览会。

为开好这些会议，找准问题的关键，真正使会议的决策落到实处，马叙伦深入调查研究，严谨筹划，紧抓落实。建国之初，全国5.5亿人中4亿人都不识字，文盲率超过80%，农村的文盲率高达95%。为使劳动人民掌握文化科学知识，他广泛了解工厂和农村的文化状况、工农干部的文化程度，研究老解放区的工农业余教育经验，摸索业余教育的各种形式，调查工人夜校、农民冬学的情况等。在此基础上，于1950年9月，主持召开了第一次全国工农教育会议。马叙伦具体论述了工农教育的对象、基本任务和步骤以及培养工农出身的新型知识分子的实施方案，并强调"工农教育在目前的基本任务就是'开展识字运动，逐步减少文盲'。识字教育是工农教育的起点"，"工农要有了文化，才能彻底翻身，提高自己的社会性和组织性，更有效地从事生产建设，参加政治生活，管理国家事业"。随后，全国范围内掀起了大规模的扫盲运动，工农教育如火如荼。

1951年5月18日，他在政务院第八十五次政务会议上作"关于一九五〇年全国教育工作总结和一九五一年全国教育工作的方针和任务的报告"，汇报了"明确规定统一的方针政策"等六方面成就，提出了一些缺点，规划了新一年全国教育工作的方针和任务。成绩是全面显著的，仅发展和提高工农教育一项，就创办工农速成中学二十二所；1950年年底，全国已有一百万零五千名职工参加业余学校学习；1949年冬季，农民入冬学的人数达到一千三百余万人……

在政务院的领导下，马叙伦主持和参与了新学制的研究和制定工作。他根据当时国家建设实际需要，研究、吸收了我国教育工作的经验，特别是老解放区的教育经验，提出了改革意见。1951年10月1日，政务院发布实施《关于改革学制的决定》，新学制改正了原有学制的缺点，确定了原有的和新创的各类学校的适当地位，改革各种不合理的年限与制度，使不同程度的学校互相衔接，以利于广大劳动人民文化水平的提高，工农干部的深造和国家建设事业的促进。在基本精神中强调要"确定劳动人民和工农干部教育在各级学校教育系统中的重要地位，保证劳动人民有受教育的机会"，实际上铸就了新中国人民教育的基本框架。

1952年，马叙伦在《三年来中国人民教育事业的成就》中指出，"三年来各级学校教育都有了大规模的发展"。到1952年暑假后，小学生将增加101%，在校学生将达到四千九百余万人；中等学校学生将增加142.2%，在校学生可达三百零七万八千人；高等学校学生将增加69%，在校学生可达到二十一万九千七百人。与国民党统治时期最高一年（1946年）的数字比较，小学生增加了百分之百以上，中等学校学生、高等学校学生都增加了百分之六十以上。民族教育方面，"新创办的五所民族学院，学生已达到八千八百人"。工农教育方面，1952年8月，职工业余学校入学人数已达到三百零二万人；1952年，农民业余学校入学人数预计可达到二千四百余万人。农村冬学的入学人数，1952年冬预计可达到五千万人。"预计今冬明春即可扫除工农干部、产业工人、青壮年农民中的文盲一千余万人"。

三年以来的工作，"从根本上改变了旧中国半殖民地半封建的教育状况，整个国家的教育机关和教育事业，已经是完全属于人民，成为为人民服务的工具了"。这为我国大规模的经济建设和文化建设奠定了基础。

（二）关心师生健康问题

新中国成立初期，许多学校的功课过重，社团活动过多，加上伙食管理不尽得法，卫生工作注意不够，影响了学生的健康。看到一份反映学生健康水准下降的报告后，马叙伦非常着急。1950 年 6 月，在全国政协一届二次会议期间，他专门就此事向毛泽东作了汇报。毛泽东听后，随即手书"健康第一"。6 月 19 日，又专门为此致函马叙伦，指示："此事宜速解决，要各校注意健康第一，学习第二，营养不足，宜酌增经费，学习和开会的时间宜大减，病人应有特殊待遇，全国一切学校都应如此。"1951 年 1 月 15 日，毛泽东再次致信马叙伦，提到："关于学生健康问题，前与先生谈过，此问题深值注意，提议采取行政步骤，具体地解决此问题"，"提出'健康第一，学习第二'的方针，我以为是正确的"。

根据毛泽东的指示，马叙伦立即领导教育部组织开展调查研究，拟订相应的措施，并将学生健康问题作为 1951 年教育工作的方针和任务重点落实，要"采取切实有效的步骤，贯彻毛主席'健康第一'的方针，增进学生健康"。1951 年 1 月 18 日，马叙伦致信毛泽东，汇报了邀集财政部、卫生部、青年团、学联及有关部门洽商此事的进展情况，并请卫生部给学生做一次全面检查。第一次全国中等教育会议讨论通过了《关于学生健康问题的决定》。7 月 13 日的政务院第九十三次政务会议通过了《关于改善各级学校学生健康状况的决定》，提出：要"调整学生日常学习及生活的时间"，"减轻学生课业学习与社团活动的负担"，"改进学校卫生工作"，"注重体育、娱乐活动"，"改善学生伙食管理办法"，"学校经费的支配，应适当地照顾保健工作的需要"等，从六个方面具体直接地关注学生健康问题，强调"应将学校保健工作，作为对学校考绩的主要项目之一"，"各级学校、各级人民政府教育行政部门，于学期终了时，应将学生健康状况及处理经过向上级作专题报告"。4 月 5 日，《人民日报》还专门为此发表社论。在教育部和全国各级各类学校的一致努力下，学生的健康状况逐步得到改善。1952 年 6 月，中华全国体育总会成立，马叙伦当选主席，鼓励各级学校和社会各界开展广泛的体育活动，增强体魄。

此后，高等学校教学改革中曾出现一些忙乱情况，教师和学生的负担过重，教师每周工作量六十至七十小时，理工科一年级学生每周六十学时左右。马叙伦发现后，及时召开会议听取各校的意见，研究解决办法，提出"教学改革必须有重点、有条件、有准备地进行"，"考虑减少或减缓一些课程，以减轻师生负担"等四点。经过纠正和调整，教学效果提高，师生的健康情况明显改善。

（三）主持收回教育主权

新成立的中华人民共和国，存有相当一部分外国教会学校和接受外国津贴的学校。这些学校中，教育改造和新学制的推行受到教会的干涉、阻挠。对侵犯中国教育主权的行为，马叙伦按照中共中央和政务院的决定，坚决采取措施予以回击。斗争从接管辅仁大学开始。辅仁大学教会以减少、停拨学校的补助费相威胁，要求对学校的人事聘任、宗教教育等有决定权。

1950 年 9 月 25 日，马叙伦代表教育部向天主教罗马教会驻辅仁大学代表芮哥尼作书面谈话，开宗明义指出"外国人在旧中国所办的教会学校，因为它已经办了多年，所以必须在它真实的遵守中国人民政治协商会议共同纲领及教育方针与法令的条件下，可以暂时允许它继续办"，"宗教与学校教育是两回事，必须明确分开，不许任何曲解与含混，在学校课堂内不允许进行做礼拜、查经等宗教活动"，"中央人民政府教育部最近颁布的'高等学校暂行规程'和'私立高等学校管理办法'是全国私立高等学校都要遵守的法令"等五项基本原则，申明中国政府的立场。又答复了芮哥尼关于辅仁大学的一些问题，告知他"进行革命的政治教育与保障宗教信仰自由，同是中华人民共和国的既定政策"，如教会违反《共同纲领》和教育方针与法令，不肯改正，中央人民政府在不能容忍的时候，将收回自办。

9月30日，教育部收到芮哥尼的正式答复，称教会坚持决定，补助费决定停止。10月6日，政务院第五十三次政务会议通过关于处理私立辅仁大学问题的报告。10月12日，马叙伦招待记者，发表书面谈话，说明了接办辅仁大学的事实和经过，并指出："此次辅仁大学问题，是单纯的教育主权问题，与宗教问题毫无关系"，"政府接收自办的是私立辅仁大学，丝毫不涉及宗教问题，对辅仁大学的宗教选课及信仰天主教的教授、学生、员工等保证一切如常"。政府接办后，辅仁大学正常运转，发展良好。

1950年12月29日，政务院第六十五次政务会议通过了《关于处理接受美国津贴的文化教育、救济机关及宗教团体的方针的决定》。为落实这一《决定》，1951年1月6日，教育部召开处理接受外国津贴的高等学校会议，华东、中南、西南各大行政区教育部或文教部及山西教育厅的负责人和全国接受外国津贴的二十所高校的董事长、校长及教职员学生代表与会。马叙伦致开幕词，重申新中国不允许外国人在我国境内办学的方针，并指出处理的原则——为了坚决彻底地肃清美帝国主义对中国文化侵略的影响，将集中力量解决接受美国津贴的学校的问题。会后，各地贯彻会议精神，有十一所相关学校改为公办，九所相关学校改为中国人自办，保持私立，但政府给予补助。在人民政府的支持下，马叙伦主持收回了教育主权，这是他几十年来的夙愿，终于得以实现。

（四）主政高等教育，完成院系调整

1952年12月，高等教育部成立，马叙伦改任高等教育部长，集中领导培养高级建设人才的工作。结合实际情况和国家各项事业的需要，马叙伦主持开展了一系列工作。其中带有全局性的是1952年夏开始的全国高等院校院系调整。这是为改变旧中国遗留下来不合理的高教体系格局、建立符合社会主义建设发展需要的新高教体系的一项重大举措。

早在 1945 年，他就在《高等教育如何改进》一文中指出，清末民国的高等教育存在"集中城市之不当""学科重复之弊""重要实科之不足"等问题，主张从体制、学科设置、地域分配、名称、私立高校、师资、校长等七个方面来改进高等教育。可惜当年政府无心改善教育，马叙伦对此有心无力。如今，他有了一展宏图的平台。

在 1950 年 6 月召开的第一次全国高等教育会议上，马叙伦指出，学校要克服旧的、传统的、脱离实际的教条主义，防止不顾长远利益与全面利益、轻视理论学习的狭隘实用主义。强调要培养出全面发展的、有真才实学的、富有分析力和创造力的专门人才。会议确定：准备和开始吸收工农干部和工农青年进高等学校，培养工农出身的新型知识分子。高等教育在内容、制度、方法方面，都必须密切配合国家经济、政治、国防和文化建设，适应国家建设需要，首先适应经济建设需要。会议还通过了《高等学校暂行规程》《私立高等学校管理暂行办法》《关于实施高等学校课程改革的决定》等五项草案，讨论修订高等学校各系科课程改革方案，商讨解决经费、师资等问题。此时，中国有 227 所高等院校，其中 138 所公立，65 所私立，还有 24 所为外国教会机构办，而且分布不均，37% 在华东地区，仅上海就占 25%。

会后，教育部领导各校进行了院系调整。"以培养工业建设人才和师资为重点，发展专门学院，整顿和加强综合性大学"为指导思想，1951 年 11 月拟定了华北、华东、中南三大区的工学院调整方案，1952年上半年在各地全面推广，到年底，全国已有四分之三的高等学校进行了院系调整，并开始有计划地设置专业科系等工作。其中，华北、东北、华东三区院系调整工作较为彻底，经调整后，加强了高等工业学校，增设了钢铁、地质、矿冶等 12 个工业专门学院。私立高等学校全部改为公立。其间，教育部草拟了文法学院 9 个系、理工学院 11 个系、农学院 4 个系、专修科 54 种课程的一揽子改革方案。到 1952 年年底，全国已有四分之三的高等学校进行了院系调整并开始有计划地开展专业科系设置工作。

1953 年，按照中央人民政府文化教育委员会制定的"整顿巩固、重点发展、提高质量、稳步前进"文教工作总方针，马叙伦主持结合专业设置，按照师资及基本建设的可能条件，进一步进行院系调整工作。一方面，加强与增设高等工业学校和适当增设高等师范院校，对政治、财经院系适当合并集中，以便大力进行整顿；另一方面，根据国家建设的急迫需要，将各高等学校的科系专业进一步地适当调整。他还主持制定了 1953 年高等教育的方针、任务及教育建设计划要点，提出：1953 年高等教育以继续进行院系调整、大量培养师资、稳步贯彻教学改革为工作重点，以提高教学质量为中心任务。

2 月，马叙伦在华北区各高等学校负责人座谈会上的讲话指出，高等教育和中等技术教育应以培养高等和中等的工矿交通等技术人才为首要重点，要加强师资建设、积极完成高等和中等专业教育（首先是工科专业教育）改革等工作。7 月，他主持召开全国高等工业学校行政会议，针对当时高等教育存在重量轻质、贪多冒进、要求过急的倾向，提出"必须本着实事求是的精神，兼顾需要与可能，在巩固的基础上稳步前进，照顾全面，而又必须掌握重点，适当地集中使用力量"。9 月 10 日，他在全国综合大学会议上作《关于综合大学的方针和任务的报告》，阐述了综合大学的性质、地位和作用，指出"综合性大学是国家文化科学发展的一个重要标志，是高等教育的基础"，还部署了院系调整、专业调整和设置、制定教学计划的原则。

1953 年年底，高校院系调整工作基本完成，从根本上改变了从前大学设置混乱、科系重叠、教育脱离实际等状况，建立起以理工科为重点的高等教育制度，为今后国家基本建设打下良好的基础。1954 年，马叙伦在《五年来新中国的高等教育》中，将成绩归纳为四个方面：一是大力贯彻了高等学校为工农开门的方针，改变了旧中国高等学校为少数人服务的性质；二是接办外国津贴的高等学校二十余所，肃清帝国主义文化侵略的影响；三是开展了马克思主义列宁主义理论学习，进行教师思想改造；四是学习苏联经验，调整院系，设置专业，进行教学改革。

（五）推动文字改革工作

马叙伦是著名学者、文字学家，从 1912 年起，就决心做学术上的工作，研究中国的文字。新中国成立后，他担任了中国文字改革委员会主任委员、国务院文字改革委员会委员，与吴玉章等人领导和组织了文字改革工作，大力推动汉字简化方案、汉语拼音方案的制定和实施，取得显著成绩。

1949 年 8 月，吴玉章就文字改革问题写信给毛泽东，请示文字改革的方向和原则问题。毛泽东收到信后，委托郭沫若、茅盾、马叙伦三人研究吴玉章所提出的改革建议。8 月 28 日，就文字改革问题，马叙伦与郭沫若、茅盾联名复函毛泽东，提出两条意见：一是主张走拼音文字的道路，同时进行汉字的整理和简化；二是建议成立专门的文字改革机构。9 月 5 日，文字改革会第四次发起人会上，与会者认为"新文字当须研究，尚未至推行阶段"，"目前之急要者，为审定若干简体字，以便易识易写"。繁体字较为复杂，记忆、识别、书写方面存在的困难很大，不利于教育的普及、扫盲工作和人民文化水平的提高，文字改革势在必行。

1950 年 9 月，马叙伦与叶圣陶等会商文字改革事宜，决定由马撰文宣传倡导，吸引各界关注。11 月，教育部发布《简字表（征求意见）》。1951 年 1 月，马叙伦致信毛泽东，谈到注音问题。2 月，毛泽东复函表示，"注音问题采取慎重考虑的态度是对的，我亦尚无成熟意见"。1952 年 2 月，直属教育部的中国文字改革研究委员会成立，马叙伦任主任委员。他传达了毛泽东的指示："文字必须改革，要走世界文字共同的拼音方向"；"鉴于汉字书写困难"，"必须加以整理简化"；并题词"中国文字的改革是教育普及的基础，是新中国重要建设之一"。3 月，马叙伦、吴玉章草拟的关于中国文字改革研究委员会成立报告和工作计划纲要呈报中共中央领导，毛泽东随后批示"同意这个报告"。

在马叙伦、吴玉章等人的主导下，中国文字改革研究委员会在进行汉字简化的研究和方案制订工作的同时，开展拼音化的准备工作，即推广普通话和制订《汉语拼音方案》。1953 年 3 月，马叙伦主持文字改革研究委员会第三次全体会议，传达了毛泽东对文字改革工作的意见：中国文字改革工作关系到几万万人，不可操切从事，要继续深入研究，多方征求意见。他在会上指出：制造字母、改革文字要为全国大多数人着想，要为儿童和后代子孙着想，必须力求简便。这是最高原则，我们必须一致遵守。

1955 年 7 月，国务院成立汉字简化方案审定委员会，马叙伦任副主任委员，着手审订《汉字简化方案（草案）》。10 月，全国文字改革会议召开，通过《汉字简化方案》《第一批异体字整理表》和推广以北京语音为标准音的普通话。1956 年 1 月，国务院通过《关于公布〈汉字简化方案〉的决议》。2 月，国务院向全国发出《关于推广普通话的指示》。1958 年 2 月，第一届全国人民代表大会第五次会议批准公布《汉语拼音方案》。

简化和整理汉字促进了扫除文盲、普及教育，推广普通话有利于消除各民族、各地区之间交流的隔阂，《汉语拼音方案》推动基础教育普及、文化事业发展、语言文化交流。马叙伦在其中的贡献和业绩不可磨灭。

五、中国共产党的亲密战友，民进的杰出领导人

（一）民进的主要创始人和卓越领导者

马叙伦是民进的主要创始人，也是会内深孚众望的领导人，历任民进第一、二届理事会常务理事，第三届中央理事会主席，第四、五届中央委员会主席。民进成立后，他团结和带领会员组织开展爱国民主运动，反对国民党政府专制独裁，争取和平、民主，有力地支援了中国共产党的革命活动。数十年来，他亲眼见证、切身经历了清末、民国的腐朽统治，清醒地认识到只有中国共产党才能救中国。长期的共同战斗，使他成为中国共产党的挚友和诤友。新中国成立后，他继续主持民进会务，领导全会为建设新中国不懈奋斗。

民进成立之初的简章中规定，"本会至国民代表最高权力机构成立后，由大会决议宣告结束"。据此，傅雷、郑振铎等会员在新中国成立之后淡出了民进活动，一些会员也认为民主已经实现，民进应当解散。

1950年3月召开的第一次全国统战工作会议上，毛泽东指出：我们对民主党派在抗战时有"团结、抗战、进步"的口号，今天应是"团结、建设、进步"。中国共产党热忱地劝说民进和其他一些民主党派应该继续存在并进一步加强工作。民进在1950年4月召开了第一次全国代表大会。会上，马叙伦作政治报告，对未来工作作出规划并指出：全心全意、毫无保留地拥护中国人民政治协商会议制订的《共同纲领》，动员一切我们可以动员的力量，在毛主席和中国共产党领导之下为加强人民民主专政，巩固世界和平，争取《共同纲领》的全部实现而奋斗，是我们当前总的政治方向和任务。这次会议通过了"关于本会应该继续存在并加强工作"等一系列决议。会员们认识到，民主政权建立后，民进的任务并没有结束，而是更重了也更光荣了。民进三届一次

全体理事会议上，马叙伦当选为中央理事会主席。

1951年中国共产党成立三十周年之际，马叙伦撰文《没有共产党就没有新中国》，指出：中国民主党派的存在、发展和中共的正确领导分不开。各民主党派都是中共领导下的革命统一战线的一个组成部分，它们和中共有着共同的奋斗目标，就是实现社会主义社会，再进入共产主义社会。

民进会员以从事教育、文化、出版等工作为主，新中国成立后，许多会员积极响应组织号召，为新中国的教育文化事业作出了自己的贡献。如在院系调整工作中，民进先后有几十位在大学工作的会员克服种种困难，顾全大局，服从分配，离开自己工作生活多年的城市或学校，走上新的工作岗位。民进的各分会也采用报告会、讲座会等多种形式，邀请专家介绍经验、献计献策等，助力文教事业发展。1953年6月召开的民进三届四中全会上，马叙伦对民进各级组织在文教事业方面所做的工作进行了总结，指出各地所做的大量工作，为维护国家文教政策扫除了思想障碍，为发展国家文教事业发挥了作用。

此外，民进服从服务于党和国家工作的大局，参加了土地改革、抗美援朝、镇压反革命三大运动，"三反""五反"运动，知识分子思想改造运动等。其间，马叙伦领导民进发表声明斥责美帝罪行，组织成立了民进爱国武器捐献委员会，还担任民进毛泽东思想学习委员会主任，负责全会的学习活动。1953年6月，中共中央提出了中国共产党在过渡时期的总路线和总任务。民进总部立即向各地发出《关于加强学习国家过渡时期总路线的通知》。随后召开的民进三届四中全会上，马叙伦作《积极参加国家建设为巩固和扩大人民民主统一战线而努力》的报告，指出"民进当前最中心的政治任务就是动员会员和所联系的群众积极参加国家建设"，民进参加国家建设"主要是参加国家文教建设工作，而其中以中小学的工作为重点"，工作部署重点突出、积极务实。

1955 年 11 月，中共中央决定召开全面解决知识分子问题的会议。会议筹备期间，周恩来部署要先期对此问题进行调查。在马叙伦的领导和主持下，民进总部三次举行知识分子问题座谈会，并将调研计划发往各地，对有代表性的会员和所联系的知识分子的生活、学习和工作等情况进行调研。后整理成《中国民主促进会关于知识分子调查研究的综合材料》，于 1956 年年初呈送中共中央和政府有关部门。其中提出应该加强对非党知识分子的信任，放手让他们工作，应尽量对口安排知识分子的工作让他们发挥特长，应适当提高知识分子特别是中小学教师的工资，改善他们的工作、生活条件等八条建议，受到有关方面的重视和好评。

1956 年，社会主义三大改造基本完成，中国共产党提出与各民主党派"长期共存、互相监督"的方针。马叙伦在全国政协二届三次会议的发言中表示：一切为了社会主义，一切服从社会主义，这是检查我们民主党派各项工作正确与否的最高尺度，也是长期共存、互相监督这一方针对我们民主党派提出的基本要求。为适应这一要求，我们还需要努力再努力，学习再学习。8 月，民进第二次全国代表大会召开，提出以"一切为了社会主义，更多更好地为社会主义服务"作为根本任务。马叙伦致开幕词，要求与会代表认真深入学习讨论，统一认识，将会议开成向社会主义进军的动员大会、誓师大会。民进四届一中全会上，马叙伦当选为中央委员会主席。

从 1950 年的第一次全国代表大会到 1956 年的第二次全国代表大会，民进会员和组织有了显著发展，这与马叙伦的领导和悉心筹划是分不开的。建国之初，全国共有会员 150 人左右，除总部外，有上海、华南两个分会。此后，为扩大和发展组织，马叙伦主持发布了《关于发展与巩固组织的决议》《关于建立新分会组织的决议》和《关于建立新分会组织的补充指示》，推动"在现有分会组织以外的地区，有计划、有重点、有步骤地建立新的分会组织"。同时，他出面发展了车向忱、杨东莼、杨石先、潘承孝、许崇清、金通尹、柴德庚等教育界知名人士入会，为民进在东北、两广、天津、武汉、苏州等地筹建组织创造了条件。到第二次全国代表大会召开前，民进已有会员2800余人，6个分会，7个分会筹委会，另有300多个基层支会（小组），初具全国性规模。在马叙伦的带领下，民进各项工作取得了显著成绩，参与国家各项事业建设作出了应有的贡献。

（二）最后的政治嘱托，无价的精神遗产

马叙伦一生中两次被殴受伤，晚年又饱受血管硬化、脑组织软化等病痛的折磨。1958年年初，他因病情加剧，不得不长期卧床休养。6月5日，护士柯贵贤见他精神稍好，请他题写几个字留念。马叙伦勉力书就"我们只有跟着共产党走，才是在正道上行，才有良好的结果，否则根本上就错了"。这句话是他对全会的政治嘱托，凝结了马叙伦数十年来对中国革命和建设事业的思考，是他切身的经验和体会，也是他毕生追求真理、向往光明的智慧结晶。

民进组织和广大会员，始终牢记和传承马叙伦的嘱托，紧密团结在中国共产党周围，永远跟着共产党走。在1997年召开的民进第八次全国代表大会上，民进总结提炼了自身的三大优良传统并将其正式写入会章，即"坚持接受中国共产党的领导，坚持爱国、民主、团结、求实，坚持立会为公"。这份传承，也是对马老的致敬和告慰。

梳理马叙伦对共产主义、对中国共产党的认识和感受，可以看到：最初，他在北大与陈独秀、李大钊共事，在索薪和维持北大等运动中密切合作，甚至在军阀抓捕两人时不顾危险施以援手。对共产主义者，对朋友，他是同情和爱护的。第一次国共合作时期，他信仰社会主义，却不赞成暴动政策。

1936年，他受王昆仑委托，入川劝说刘湘逼蒋抗日前，已经认定要走"红色"政治路线，并与杨秀峰、张申府等人同在以实现社会主义为运动目标的组织中。抗战胜利后，他通过与中共地下党员的接触，大量撰文反对蒋介石专制统治、宣传中共的主张和政策，成为中共坚定的战友。"六二三"南京下关事件后，他对周恩来说："我过去总劝你们少要一些兵，少要些枪支弹药，看来你们的战士不能少一个，枪不能少一支，子弹不能少一粒。"这番话表明他已经彻底理解并支持中共的武装斗争。

1948年，马叙伦响应中共"五一"口号，撰文表示中国共产党是"真正的人民革命的领导者"。1949年，他参与协商建国，在新政协会议上说："我们不但得到了胜利，而且能够巩固这个胜利，开始建设新中国。这是有保证的，因为有中国共产党在领导我们。"新中国成立后，他在中国共产党的领导下，为国家建设和民进事业呕心沥血。

正如习仲勋在马叙伦先生诞辰一百周年纪念座谈会上的讲话中所说，"在中国民主革命的长时期里，他同帝国主义、封建主义和官僚资本主义进行了不屈不挠的斗争。他为新中国的创立，为社会主义革命和社会主义建设事业作出了重要贡献。他是中国人民无限忠诚的公仆，是同中国共产党荣辱与共、肝胆相照的知心朋友"，"马老的一生，是革命的战斗的一生，是从民主主义者紧跟革命潮流前进，成为社会主义者的一生"。这既是对马老的高度评价，也是对其一生的精准概括。

马叙伦留给后人的，不仅有宝贵的政治嘱托，还有崇高的精神品质，等身的学术著作，这些都是无形的精神财富，泽被后世。他一生曾三次立下遗嘱。除了1958年的"正道上行"，1947年他在白色恐怖中立下遗嘱，告知儿女"余如遭逮捕，必无幸生，求仁得仁，无所归怨。余虽不见夫己（指蒋介石）之亡，汝曹必能见之，则犹吾见也"。1955年，他又写下遗嘱，表示"去世后，不必讣告，不受赙赠，即花圈挽章皆预谢不受，亦不劳动友亲，至要至要"。他生平所蓄之物，诸如书籍、文物、手稿、书画等，多在生前及身后捐给了图书馆、博物馆等公家单位。从这三份遗嘱中，可见其追求真理、不畏强暴的人格，清廉自守、两袖清风的品质。

新中国成立后，为方便工作，政务院给马叙伦配了汽车和司机，他再三强调"汽车是公家的"，不允许家里人乘坐。他写信请朱德为《学文化》杂志题写刊名，信封是用过一次又翻转过来重复使用的，以节约纸张。他的小儿子马龙章毕业于上海交通大学航空工程系。建国初期，国家计划选派一批骨干留学苏联，进行深造，其中就有马龙章的名字。马叙伦得知后，对儿子说：现在你刚刚参加建设人民空军的工作，任务很重。以后出国学习的机会很多，你可以通过正式考试选拔，要凭你自己的本事出国。龙章听了父亲的话，放弃了这次留学的机会，一心扑在工作上。女儿马燕有一次拿了家里的请柬去怀仁堂观看演出，被他狠狠地批评了一顿，此后家里人再也没有参加过类似的活动。他对自己、对子女的严格约束可见一斑。

马叙伦自二十世纪初开始学术研究，在《新世界学报》《政艺通报》《国粹学报》等报刊上发表了《改文字议》《古政述微》《二十世纪之新主义》《史界大同说》《啸天庐古政通志》等一大批文章，涉及文字学、史学、教育学、兵学、物理学等多个领域。在北大任教时，他教授中国哲学，涉及道家、宋明哲学等，并以教学和研究的心得成果，形成《老子校诂》《庄子义证》《庄子天下篇述义》《庄子札记》以及《周程哲学概说》等著作和文章。马叙伦专注于研究中国语言文字，持续近半个世纪，这成为其学术研究的主要方向。他以许慎的《说文解字》为基础，兼及金石刻文、古文实器实物及一切与文字历史有关者，撰写了《说文解字六书疏证》。此书于1957年出版，问世后结束了数百年来盛行的《说文》运动，被誉为《说文》发展史的冠军。

文字学研究方面，马叙伦还撰有《说文解字研究法》《六书解例》《六书之商榷》《中国文字构造法》等，发表了《石鼓文为秦文公时物考》《石鼓文疏证引辞》《跋石鼓文研究》《读金石刻词》等学术论著。古籍整理、校勘、注疏、训诂方面，其成果多收于《天马山房丛著》。他考核经史一丝不苟，决不虚造，被时人称为"出时之作"。此外，他还著有《列子伪书考》《古书疑义举例校录》《文心雕龙补注》《王阳明先生年谱校录》《读吕氏春秋记》《史学存微》《宋徐正节先生传》《我在六十岁以前》《石屋馀渖》《石屋续渖》等大量专著和文章。

马叙伦的政论文章文辞犀利，富有战斗性，约数十万言，结集成《马叙伦政论文选》。其诗词多收入《马叙伦诗词选》，内容上反映国事，激浊扬清，对人民疾苦怀有深切的同情。

马叙伦还是著名的书法家，被列入国家文物局公布的代表作品禁止出境的书画名家名单。其《论书》诗二十首，反映了他的书法要诀和见解。他的书法作品先后结集为《马叙伦墨迹选集》《马叙伦书法选》和《马叙伦先生法书选集》出版。

2025 年，是马叙伦先生诞辰 140 周年。他的思想、精神，为后人敬仰铭记；他的优良作风，为后人发扬传承；他的生平事迹，永远激励着后人接续前行。

第三辑　文字研究与改革

第四辑　社会主义新教育制度探索

第一辑

教育思想概说

女子教育平议

　　生物之功，地为大；生子之恩，母为大。自有世界以来，经数千万微虫微物、飞鸟走兽，以至圆颅方趾巍然成体，皆自女子之大力量、大精神、大组织、大辛苦而来。而人且轻女子、贱女子、玩女子、役女子、桎梏女子，而斫其生、而艳其形、而纵其欲、而残其天。呜呼！见兔伤狐，孰能无情！妓而秽矣，然人母之形体也；婢而卑矣，然人母之色相也。呜呼！举无量劫无量世界之大苦而悉数之，戟之刺与，刃之傶与，斧之斩与，刀之斫与，水之溺与，火之焚与，疾病之缠与，虎狼之啖与，父以诏子、兄以警弟、姻娅朋友相告戒，一人遭之，一家哭之，若以此为自天地可名以来最惨最悲之事。然我以为此有形之苦耳，子可以诉于父，弟可以告于兄，姻娅朋友可以相训勉而相劝戒。未有若今日吾中国女子之苦之甚者也，受无形之苦，至于上不敢诉于父，下不能告于兄，忍泪含悲，低首下心，屈服于男子之前，若牧圉然，若犬马然，中夜对天，流涕独泣，磷飞鬼哭，闻者何人？呜呼！天下宁有无母之男子哉！俗谚曰："人身莫作妇人身，百年苦乐由他人。"夫人身至于苦乐不能自由，亦何乐乎有此身哉！吾哀乎其言，吾痛乎其言，吾尤悲乎人之心之死之无可救，而欲祝自今以往，世世勿复生女子，世世勿复生人。夫人之身，皆自女子之大力量、大精神、大组织、大辛苦而来者也，而人之待女子者如此，呜呼！妓而遇我，我不敢污；婢而遇我，我不敢虐。我独非人子之身哉？女子哉，女子哉，吾悲女子，吾悲吾身；吾悲女子，吾悲吾群。吾群，吾生；吾生，吾母。而忍令以其母之身，万方受压于他人，转辗相沿，每况愈下。而女子乃为今日中国之女子，吾悲女子，吾尤悲中国。夫必今日中国之人，而皆无母可矣，不然，彼独无意于今日之女子哉。

女子者，世界之所由以立，人种之所借以繁，而自有其当任之责、当尽之务者也。夫苟知世界之所由以立，人种之所借以繁，任其责而尽其务者，惟女子为重，即所以成其责之重而务之专者，必有以处今日之女子矣。虽然，斯亦未易言矣。夫必以文母、宣后、樊妃、班姬之才之德，始可以不负其责、不忘其务欤？吾又疑其责之未能重，务之未能专矣。况即如彼之责之重务之专，而以责之今无知无学之女子，亦万不可得之事矣。其他则又何说？国之不文明也，种之不进化也，此其责果谁任之？此其务果谁尽之？长以此无知无学之女子，而任之国家文明种类进化之大事，责之以不负其责，不忘其务，是何异使盲者睹泰山之高，强聋者听黄河之涛。泰山之高虽参天入云，黄河之涛虽轰雷震地，奈盲者之卒不得见，聋者之终莫能闻何，於乎，举无知无学之女子，而强以兴国繁种之大事，其不可得也彰然矣。抑国之不能兴，种之不能繁犹可也，且将野蛮之，遏绝之，渐至于与草木为伍，禽兽等视，猱猱狂狂，吾不知其流极之将于何底矣。於乎，重矣哉，女子教育欤！於乎，急矣哉，女子教育欤！

中国人之恒言曰：女子无用之物耳。禁之闺阁中，使之治烹调黹绣之具，亦可谓待之优矣，何必教育。马叙伦曰：人之生也，禀气受形，同此脑灵，同此心系，同此性质，同此智慧。其始也，夫岂有有用无用之分于其间哉，且以人类学家言求之，生生不已，若泥受印。如女子果无用，则必天下之人尽无用，而后可矣。以有用待其身，而以无用视其母，为女子无用之言者，是所谓受人之豢而背其恩者也。吾执而正其罪曰：忘本。人又有恒言曰：女子者受制于男子者也，一旦浚其智而开其觉，必不能安居闺阁中，而男子且多一敌国。马叙伦曰：世界公理，男女平等。道衰风敝，夫制其妇，丧天地之大公，背造化之通例。泰西男女之际，虽未能达文明之极点，以视我中国，固优矣。然吾见其一庭之内，欢笑终日，握手偕行，太和翔溢，而未闻其有相伤、相戕、相抗敌之弊。为女子受制于男子之言者，所谓厚己薄人，而自忘其类者也。吾指而数其辜曰：不仁。

抑吾谓女子不幸而生于地球之上，有产育之大难，其艰辛劳苦视男子为多且剧矣。又不幸不生于欧美，而生于中国，举数千年几亿万同休息同生养之女子，而束缚压制于男子肘腋之下，举国家之治乱、社会之盛衰、古今之升沉、中外之兴亡，而女子不得与闻之；政治之得失、法律之曲直、宗教之沿革、教育之臧否，而女子不得与议之；英雄豪杰震动世界之事业，生存竞争鼓动人类之天则，而女子又不得与知之。居幽室之中，如死、如囚、如病、如锢，见男子则如奴、如婢，伈伈俔俔，献媚万方，博霎时欢；少不如意而鞭挞立加于身。於乎，举无量劫无量世界之苦，莫有甚于吾中国今日之女子者矣。

虽然，天地之理阴阳并行，一失其和灾戾立见。向亦未明于人群进化之原，生人种类之学，而又中于嗜欲之私、社会之变，与夫数千年相沿相积之锢习，故瞀而不知其故耳。夫以四万万我民之生之类，而受虐以至于此极，而莫可告语者，乃划然居其强半，则夫不平之气、怨毒之情之流溢充塞于两间者，又何怪我中国之终不能治矣。剥之久者复之机，否之极者泰之应。今女子由剥而复，由否而泰之一日乎！夫自戊戌变政以来，为男子者亦稍知女子之为重矣，为女子者亦渐觉其身之不可弃矣。而辞其父母，若夫渡重洋济大海，以游学于欧美各国者，踵相接矣。夫向之男子,其虐待女子也,既安之若素;向之女子,其受制于男子也,亦安之若命。今女子其由剥而复、由否而泰之一日乎!抑以处今日,女子之道更有与昔不同者。昔女子之受制于男子,固安之若命者也,斯其不平之气、怨毒之情,或有所制于中,虽甚而未至于极也。而今女子之输入文明界者渐不如前,而复以前之所制者制之,吾恐不平之气怨毒之情更有莫可究极之状态,而其洋溢充塞于两间者,益不知其何如,而祸患又将何底矣。我亦欲以一行之泪,一腔之血,洒遍全国,呼醒二万万同休息同生养之俦,以共兴神州桑梓之土。吾于女子教育不能无辞矣。吾谓:欲言今日女子之教育,必先去其曩日之大弊始。

甲　抹脂之弊

抹脂之弊,倡于秦汉以前。宋玉《登徒子好色赋》曰:"著粉则太白,施朱则太赤。"盖其风自战代已然矣。然我尝愤言曰:致二万万同胞女子于奴婢之地者,其惟倡著粉施朱者乎!其罪浮于挞之杀之远矣!盖挞之杀之者,不过挞一人杀一人乃至数十数百人而止矣,决不能贻于数千年几亿万人也。抹脂粉之习乃使其毒不尽其害不止。且女子亦太愚矣。夫人之颜色,受之于天者也。一人为之,众又欣欣而踵接之,以是为美观,以是为丽色,以是求媚于男子之前。男子因女子之自奴婢也,而亦奴婢之。于是女子之苦遂如入阿鼻地狱,历十年百年数百年数千年而不得脱。於乎,吾言至此,吾咽为之干矣,吾泪为之尽矣,吾心为之破碎矣。吾甚望二万万女子,继今以往,备以世界之一分子自任,而勿复奴颜婢膝于男子肘腋下也。

乙　缠足之弊

吾尝论女子缠足之苦,泪辄为之涔涔然数行下,抚膺而太息曰:悲夫,悲夫!溯中国之弱点,缠足盖其一矣。夫天地之气、阴阳之道,以和为贵；国之政治、法律，以和而理；身之血脉、筋络以和而安。今乃以供二万万男子无穷之欲，遂使二万万有用之女子，悉伤其血脉筋络之和，置诸无用之地。於乎，女子自缠足以后，其身虽在，而已若死矣。抑尤有可悲者焉，人之死也，以疾病、以水火、以鞭挞、以拘囚、以杀戮、以醢俎；而独女子之死也，不死于疾病、不死于水火、不死于鞭挞、不死于拘囚、不死于杀戮、不死于醢俎，而死于供观玩而乃以身殉之。吁！亦可悯已（矣）！虽然，始作俑者厥罪惟剧，吾将入之无间地狱，而使备尝斫头斩臂断手刖足刀锯鼎镬之诸苦，以为陷我二万万同胞女子者戒。於乎，女子哉！女子哉！孰非吾与，孰非吾类？炭之呼耶，养之吸耶，血轮之周迴耶，横目而火食耶，从行而屋居耶，而乃以供一己之观玩，忍使同胞二万万之俦，沉沦缀续于茫茫苦海中而不止。於乎，非大忍人，孰至于此哉！

抑我犹有大惑不解者。夫为人之大父、若父、大母、若母者，见其子之见欺于邻人路夫，则必愤发于心，怒发于色，爱形于外，情动于中，为之营救护，为之谋报复。乃独于缠足也，母不爱其女，夫不怜其妻。有不愿者，且从而诟詈之、鞭笞之，必使之备诸毒而后已。於乎，俗谚有之："毒虎不食儿，恶狼不啖子。"夫为人父，为人夫，而恻隐之丧亡乃至于此，视彼虎狼相去奚如哉！

呜呼，悲哉！举地球五大洲数十国之女子，为农为工为贾为佣，其受有形之苦，或十倍数十倍于吾中国之女子，然且未有如中国女子之受无形之苦，实数十倍数百倍于彼为农为工为贾为佣之女子。美女也而实鬼魅，丽人也而实犬马。而缙绅大家之女子，则其为鬼魅犬马也愈甚。於乎，孰谓以区区抹粉缠足之事，而陷我二万万同胞之女子于今日之地乎！爱之而实戮之，狎之而实死之。父日伴其死女，夫日拥其鬼妻，犹欣欣然以此为一身之大幸。嗟乎，嗟乎！我不解其惑何甚，而迷何深也！呜呼，举吾中国四万万之人民，而乃死其半焉！国之弱而种之瘘也奚怪哉。虽然，吾犹幸其精神虽离，而形骸之未毙。吾将因其形骸而补以吾之精神焉。

吾之精神，固吾所借以存吾形骸于天空地阔之中者也。安能割而分之，以补彼二万万之女子哉？然所谓补以吾之精神者，非割而分之，以补二万万女子之形骸之谓也，因其形骸所能为，竭吾精神所欲尽，于此，有教育之术焉。

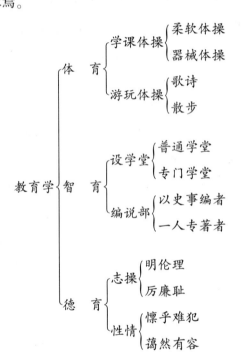

夫取其弱者而强之，用其旧者而新之，此教育万世不磨之公例也。泰西女子，甫能行步，即从事于体育，故其体质之强几与男子抗衡。体育者，智育之基础也。有损其脑膜、腐其肢骸、斫其形容、溃其血肉，而能磅礴溯湃于智育中者，吾未之见矣。体育智育者，又德育之基础也。有损其脑膜、腐其肢骸、斫其形容、溃其血肉，而能涵濡浸渍于德育中者，吾又未之见矣。而况以文明进步之原，种族改良之责，而以我女子昏庸痿弱之躯当之，其胜任与否又何待智者而知其故哉。且今之责女子者，亦必曰德矣、德矣！然以天地所产、父母所生翘然一自然之足，而必戕之、虐之、束而困之，其于德何如！以一七尺之身，奄然无生气，为粉饰矫弱之态，以求媚于人，其于德又何如？且未有体育智育之未讲，而可言德育者也。为节妇、为烈女，其行可敬，其遇可悲；为悍妻、为淫妇，其迹可诛，其情可恕。今之女子，固已屏之于人类之外，而不施其教育之方矣。此固非女子之罪也。

中国重男轻女自昔已然，虽以三代盛世，庠序遍于国中，而女学寂然无闻。惟王公卿大夫之家有傅父有傅母。文妃辞师而归，国风颂为懿范；姜后脱珥以谏，周史传为美德，此其风固已古矣。乃若樊姬谏猎，班婕辞游，史臣笔于简册，学士寿之齿牙，以及昭帝之后、显宗之妃、梁鸿之妻、范滂之母，世人每称道不衰，夫是数者亦翰墨中占一席者耳，且必数百年数十世而一得。则欲求其为国民争利益，如罗兰夫人、批茶女士其人者，直何啻麟角凤毛之难其选矣。虽然，此亦非女子之罪也。

吾必举二万人而胥教之，与我同任他日之中国。然其中老者壮者居什五焉，吾不能强其从吾学，则必立一制，曰：凡女子年自二十五以下皆须入学，年自二十五以上者则编说部以开之。夫说部之感人也亦易矣。今天下女子，虽目无一字而耳熟能详，犹时时有其古人于胸中，此皆得之今日之传奇者也。惜吾国今日之所谓传奇者，不过铺排佳人才子之奇遇耳。今试悉焚其旧本，而更集史氏以编之，或由通人专撰之，颁于全国，必使家置数册，人各一编，于是行之五六年六七年，而女子犹愚蠢如今日，吾不信也。於乎，女子哉，女子哉，乃无量数国民之母也，恶可不教育，恶可不急教育？或者曰：女子者助男子之不逮者耳，以言教育，虽登山超顶亦不过得一贤母良妻之资格而已，安用如斯之艰辛繁冗为。马叙伦曰："子言过矣，子失天地之心矣。夫天之生男女也，岂有不平之等级出于其间欤！使男子而亦止于贤父良夫之资格则已矣；

苟其不然，则吾于女子也，亦必以稀世之英雄，盖代之豪杰期之望之。"合指而拜祝之，稽首而叩祷之，愿我中国二万万之女与二万万男子携手而登二十世纪之大舞台，以兴我神州桑梓之土，以强我黄种神明之胄。

（原载于《新世界学报》1902 年第 5 期）

儿童教育平议

　　谋国之士，夙夜走相告，以教育为兴国、强种莫大之天则。马叙伦曰：是固然，是固然。虽然，我谓今日于儿童教育尤重。儿童者，我中国之大豪杰、大英雄、大圣贤之父也、祖也、不祧之宗也。（女子教育亦今日急务，鄙人已于本报第五册《女子教育平议》篇详言之）夫七尺头颅，巍然高大，而或蠢如鹿豕、愚如牛马、贱如奴隶、弱如妇女，於乎，此何以故？非儿童教育不良之所致乎！儿童者，我中国大豪杰、大英雄、大圣贤之父也、祖也、不祧之宗也。且今日之不惜牺牲其躯命，断断然日夜无休时，而为教育谋者，盖亦欲植人才于今日，而为他日兴国强种之用。然兴国重任也，强种大责也，以重任大责属之数百年腐败、萎落、奄然无生气之教育，所胎孕之老大、顽钝、无耻之徒，鸣呼，是何异行远而乘驽马，负重而驾疲牛，我知其必不能胜任矣！於乎，急哉儿童教育乎，重哉儿童教育！

　　马叙伦之友程烈，亦素主儿童教育者也。程烈之言曰：泰西三尺童子，莫不知政治、莫不知法律、莫不知爱国。吾尝闻日本某教育家之记曰："昔者，余游历美洲至法兰西公园，适有一小儿在焉。会风大起，落小童帽飘入草团内。小童啼，余趋问其故。小童曰：风落我帽，归无以告父母。余曰：何不拾之？小童曰：国家法律不能擅入草团，故不敢入。余因思，以一小童，犹知国家法律，欧洲政治亦可想见其一斑矣。"於乎，吾国今日壮年之侪，不若此小童者多矣。虽然，此犹其小者耳。泰西小儿固无一不有国民之人格者也，而我中国何如哉？而我中国何如哉！呜呼，舍教育又曷赖哉！我于是不能不望我中国之急兴儿童教育矣。

马叙伦又有友曰徐澄，亦主儿童教育者也。徐澄之言曰：泰西各强国，子生期年，即离父母之怀，嬉戏自如，居然习惯。虽有保母之提携，然仆则必任其自兴也，行则必令其前趋也。其意，以为异日自立之基，即具于此。中国则不然。三尺之童，依父母不舍昕夕，然且喜泣不时，起居无节，仆则号啼，不知自兴，行则以婢仆共之。而为之父母者，又从而时时扶拥之，追随之。夫此固父母爱子之心哉，然爱之为祸大矣。儿童往往有恃其父母之爱，而遂至恣肆放荡，顽固不知悛改。壮不如人，终成废物者，我又习见而不一见矣。是故泰西人多自立，中国人多依人，此固基于儿童教育时矣。於乎，中国而欲自强，其可不讲儿童教育哉！

程烈、徐澄又曰：於乎，数十年来，我中国之见欺于外人者亦甚矣！香港之失、安南之割、台湾之让、胶州之拔、旅顺之分、铁路之被攘、矿权之为夺，举立国之要柄，一一执之于外人之手。而广捐纳以偿教款，加税则以赔兵费，莫非吾民脂膏血肉之遗。痛矣哉我民！吾民可不图自强哉？自强之要素，人必曰：兴教育矣，兴教育矣。教育者，缓而期之异日，自强之术之最迂者也。而我又曰儿童教育。儿童者，亦缓而期诸异日，自强之术之尤迂者也。我民其不图自强哉？儿童教育奚为者？虽然，我终以儿童教育为急。马叙伦曰：二子之言诚然哉！中国儿童教育之不讲也久矣。泰西儿童教育，合胎育、体育、德育、智育，而其用始全。我中国，胚胎时期劳动操作如平时，不顾孕子之利害，是谓无胎育。儿生三四岁，噢咻、提携之外，不复有运动之场，游嬉之所，是谓无体育。五六龄时，辄入村塾，从时师，咿哦达晨夕，读讲章数页，摹大小楷法数行，以为常。稍长，事帖括、试帖，博举人达士之梯楷（阶）。诸百家经世之文，辄废弃不入目，是谓无智育。年至成人，胸中硵然，不知礼义为何物，终日游嬉，下流同归，是谓无德育。於乎，白人有恒言曰：三育不备，不得为完全人。然则中国无完全人也亦多而且久矣。国之不兴，种之不强，奚怪哉，奚怪哉！

虽然，儿童者，我中国大豪杰、大英雄、大圣贤所赖以孕育、胚胎，而为其父、其祖、其不祧之宗。其人顾不重哉，其教育顾不重哉！中国之不兴，我儿童之辱也；黄种之不强，我儿童之耻也。虽然，我中国儿童，不能任兴中国、强黄种之责，我教育之耻也。我请言儿童教育，而示其方法，播兴国强种之种子于今日，以冀收效果于他时。斯则我辈之厚望也夫，斯则我辈之厚望也夫！

儿童教育，自胎育始，而德育终，我中国古盛时教育家之通则也。虽然，泰西于此说尤备，吾采其目以表之：

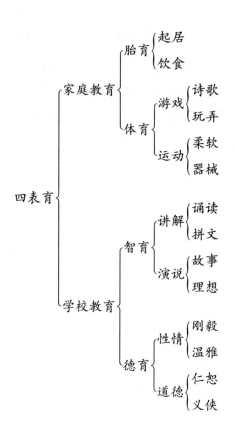

胎育 儿童之壮弱，皆基于胎育之时。故胎育实为体育、智育、德育之本。胎育良者，则体育、智育、德育易施，而收效亦速；胎育不良者，警诸草木，其根已腐，虽未尝不灌溉之、培植之，生机已竭，而欲其滋长也难矣。于胎育最关者有二端，一曰起居。起居不时，使孕子劳动，其生也必柔弱。二曰饮食。饮食失宜，使孕子损伤，其生也必多病。泰西自教育大昌以来，胎育专书数十家，总之，以强种为第一著。夫我中国，尝言胎教矣，而养胎育子诸要义，每散见于医家之书，胎育无专门著作。故泰西儿童二三岁即强壮，非吾中国五六龄者可比，於乎，此西人之所以强于中人也欤！

体育 体育者，智育之基础也。体育完全，斯智育发达。泰西生子三四龄，即为之设运动场、游戏所，任其舞蹈，率其歌唱。而中国则不然。幼龄儿童，但手一竿，即恐其或伤时禁止之；且终日抱之、扶之、提之、携之，否则，置之座、拥之榻，而不复问其有害儿童与否。夫彼固不知其为儿童害也，设有提而醒之者，曰此体育之大戒也，容未有不瞿然悟者。然乃以教育之不兴，而令巍峨丈夫萎然丧气，至弱冠之年，而手尚无缚雏之力者比比皆是。於乎，体育不讲，我于中国何望哉！况乎近世以来，环球列国，莫不以尚武精神大呼于其国中，以为非是，决不足以立于优胜劣败竞争剧烈之场，与环球各强邦相抗，而国遂无以自立。於乎，中国人真自忘为国乎，夫中国人岂必尽自忘为国哉？不然，何体育之不讲也！

智育 天演公例，智胜愚败。白皙种人，独雄全球，傲然自矜曰：吾智，吾智！夫我亦人类耳，而乃让彼独智哉！然自十九世纪以来，人尚智战，捷者先得。嗟我黄族，瞠乎不前，於乎，综大球诸邦，而论其智愚，红稷不足数，自莫不举黑族为最愚矣。然我恐继今而后，中国人之愚将与黑人同名也。而我同胞四万万之为奴隶，如彼黑族之受鞭挞、拘囚于英美诸邦者，又曷有穷期哉！抑我又恐其望为黑族而亦不可得矣！吾悲之，吾痛之！夫言智育，必自兴学校始，环球万国之通例也。而我中国今日之学校，何如哉！斯我不禁涕泣流涟，而望吾中人之能自立也钦！夫智育之不讲，我中国又奚望哉！

德育 自智育大盛，而德育如赘瘤矣。虽然，有智育而无德育以辅之，则易流于狡滑（猾）狯谲之行，而天下且不可问矣。德育者，吾人立身之基础也，而亦吾人爱国之精神所由鼓励奋发而持之不失者也。泰西各国，智育虽盛，而其德育则尚为幼稚时代。我古德育极盛，乡里匹夫，莫不有一善之可言，一节之可取。孔子曰："十室之邑。必有忠信如某者焉，不如某之好学也。"我中国之讲德育久矣。虽然，此犹德之私而非其公也，此犹德之狭义而非德之广义也。抑我又深痛，我今日中国之民，私德且不足言，而公德更何论矣；德育之狭义且不能言，而广义更何论矣。虽然，此皆无儿童教育之术故。马叙伦曰：呜呼，今日之衰极矣，黄种之衰至矣。彼泰东西虎邦之操纵我、呵叱我者，亦可谓达于极点矣。我中国黄人，其甘受之乎？吾耻之。耻之而思振之。振之之术，固非兴教育莫能为力矣。而兴教育之要，又非重儿童教育不能为力矣。虽然，今日之老大顽固无耻之徒，又皆自儿童来者也。彼岂尽无教育之可言哉。虽然，人之成为老大顽固无耻之徒者，自儿童教育始；而所以孕育胚胎我中国之大豪杰、大英雄、大圣贤，而为其父、其祖、其不祧之宗者，又自儿童教育始。

（原载于《新世界学报》1902 年第 9 期）

政教分合论

原人进化，以何因缘？曰聿政故，曰聿教故。政教之昉，昉于奚世？邈数荒古，我不置论。有巢构木，示民营室；燧人钻火，告民烹物；神农作耒耜；西陵创衣服。斯胥政始，而实教端。故夫黄帝、颛顼、帝喾、帝挚、尧、舜、禹、汤、文、武、皋陶、伊尹、姬旦之流，固中国政界之巨擘，抑亦卓卓大教育家哉。盖古者有政无教，非无教也，若言政教合一，寄政于教，而无政外之教云尔。且征诸训诂家，说曰：政者，正也；教者，效也；谓乎上正则下效耳。然则，古者未尝外政而言教也。外政而言教其始于王政衰废、霸统杂兴之世乎？王政之衰废、霸统之杂兴何始乎？非始于姬室之东迁乎？盖自烽燧戏举，骊山征戎之寇，姬德渐沦，周室因而告颓。小白椎轮，天下务竞兵戈；河阳臣召，伦理大为荡堕。江河日下，滔滔长流，往而不返，一昒凄然。王政衰而天下乱，霸统兴而民灵锢。世界攘攘，莫非囚楚之民；天下熙熙，悉是蠢愚之辈。嗟彼霸者，视民若豕，以千万众易一己私，政既不淑，教亦以隳。钟情忧心之士、悲民爱国之侪，能无为之泫然以涕，奋然以兴耶？于是，愿牺牲其学术，号召弟子大兴教育，为当时倡，冀以挽救什一于千万中者接踵以起，而教遂独树一帜于政之外，而政教逐分。政属于上，教归于下。鸿沟截界，上下迥然。然我谓政教合一，斯民易智。曷谓乎？古古原人，由部落而国家。名曰国家，则必有政。生于斯，长于斯，老死于斯，其谁能不被国政之治？寄教于政，则莫不被国政之治者，即莫不被国教之教。举全国民人，莫不被教，而曰有愚民，有愚民，其谁欺？我岂信哉！唐虞以前，莫可稽矣，有记不雅，荐绅难言。自尧舜迄周之盛，书以载之，诗以歌之，农夫、野老、妇女、孺童，仰知星宿，俯明时变者，政教合一之效欤。虽然，此遥代也。征于近世，欧美列邦之富强者何以故？亦职是故。且政教合一，教属于上，则教之魄力大，而易遍。政教分离，教归于下，则教之魄力小，而难普。何则？草茅下士，无尺寸柄，无度量权，徒涌一腔热血，冀以洒遍群生，挽回大势，戛戛乎其难为功哉。矧夫政教合一，则政亡斯教熄。政教分离，则继者绝人，教系难免乎中断哉。是故欲始其国者，必自政教合一始。然自秦后以来，历二千余年，政有其因革，而教犹一系者，何以故？岂非政教分离，教归于下之绩欤？虽然，是亦有说焉。共和之世，政教必须合。专制之世，政教必须分。共和之世而政教分，则进步绝。专制之世而政教合，则民智锢。况乎教所以教，民钥其灵，畅其智，是君主专制之大敌也。故专制愈臻极点，政教愈不能不分。此亦势之必然者欤！中国自嬴秦而后，君主之专制每况愈剧，而愚民之术代有甚焉。政瘠颓而莫救，教犹靳而不绝，盖亦由政教分离，教归于下。儒人哲士有心君子，怀医世救名之志，虽不能于政界展一筹设一策，而犹获出其生平所得，供诸社会，藉收一发千钧，绵延不斩之勋。不然，我未知今日中国，民更何如矣！於乎，吾痛乎言之，吾慨乎言之！

（原载于《新世界学报》1903 年第 15 期）

整顿教育之意见

浙江第一师校校长马彝初氏，日前赴北京为实际教育调查社浙省出席代表。当时曾提出整顿教育意见书，都为十一大纲，探录如下。

一、教育调查机关，当由各省自组织之

查各国教育调查之办法，每以数十人之教育专家组织一教育调查团体，需若干调查之经费，经若干年月之时间，乃成若干册之分类报告书。吾国欲举行全国教育调查，事甚繁难。不如由各省自行组织教育调查之团体，筹以相当经费，详订调查方法，分赴各地，作实际的调查。（表册不可委人代填，须调查者躬自考察而记录之）如此经若干年月之后，庶可得各地教育实况之真相。

二、改良视学制度

各省省视学县视学，急宜整顿：1. 修正视学规程。2. 详订视学处务细则。3. 严选人才。4. 不许捏造报告。5. 视学报告须详记各项教育实况。6. 每年须将视学报告汇编成册，分送各地教育家研究。（视学当分科担任，例如理化科视学，专视察理化教育实况。吾浙现有视学，奄奄无生气，非急行整顿不可，其弊端兹不暇举。）

三、整顿教育行政，任用中等学校校长

近年各省中等学校校长，莫不视同官吏，学校则视为市场。运动校长者，大半为图利。小半为造资格。其真心办教育者最少数耳。查吾省在省垣运动校长者约百余人。闻江苏省之候补校长，其数亦以百计。教育厅每委任一校长，非承长官之命，即徇巨绅之情。其人才之当否，固非所问。以致各地学生拒绝校长之风潮，时有发见。此为地方教育最危险之点。

四、中学毕业生，不能谋生活之危险

查吾浙每年中学毕业生千余人，升学者不及十分之一，其余皆为游民。甚至三五元一月之生活，且不易觅，家庭社会，大受其影响。现各中学四年级生，大多数皆抱有极大恐慌。其恐慌为何？即毕业后如何生活之问题是也。

五、中等学校教员，不能专心研究学术之苦况

查吾浙中等学校教员，大多费心力于如何奉承校长，如何增加钟点，如何结合同事或学生，以自固地位，及维持家庭生活之问题；无暇在教育上及自然知识上有所研究。故数年之后，知识退化，品行随欲，兴味减少。甚至长吁短叹，作厌世观。如此情形，苟不急谋教育待遇之良法，地方决无改良之希望。

六、学校教授不重实验，合设理化实验室

查吾浙中等学校教授法，多偏重书本，不求实验。故学习科学，不能致用。教科书之程度，高学生考试之成绩虽优，然所学一无所用。即就中英数等升学必修之科目而论，亦无实际之学力，他若物理化学博物手工图书等科，毫无实验成绩。推其原因，大半由教员自乏实验能力所致。即如最近南京高师、北京高师毕业者，亦多缺实验技能。理化教员不能解剖说明电话电灯之缔造者，有人目睹。理化实验室，最好合数校之力，共设一所，将现有仪器合并一处，另由省酌给购置费，添置必需各件。此办法前年曾在全国教育会联合会内提案，迄今尚未见有实行。

七、小学教员资格不合之危险

查吾浙现有小学教员，总数不下一万九千人，就中师范毕业者不过

一千五百余人，受检定合格者一千三百余人，而未受师范教育，且不合检定资格者，尚有一万六千余人。以如此不谙教育之人，任其摧残儿童身心，教育上之危险，宁有甚于此者？故培养师资，甄别小学教员，实为目前急务。

八、小学教员薪俸过薄，小学经费须另筹

查吾浙各地方小学教员，月薪少者仅三四元，稍有程度者，每不安其位。故欲整顿小学教育，非先筹足小学经费不可。县税已不足支配，宜就省税国税中筹集。查各国小学教员俸金，多由国库或地方政府之公款开支。此事急须调查研究也。

九、教育经费之征收及支配宜独立

将来各地方教育经费之支配，须由教育界自组织机关主持之。如能自组织教育费征收机关，与一般行政机关划然分离，更妙。

十、实业教育须按地筹划——须培养研究实地之师资

查吾浙实业教育，有名无实，毕业生多不能适应社会之实用。此由校内编制及教授之目的，初不在供给社会之需要，徒知抄袭外国实业学校之规程所致也。欲办甲种乙种实业学校，须先调查各地方之地势物产，一面预备实业学校之师资。（办实业师范）实业师范学校之主要目的，即令各地方学生研究其大地方之实业后，即派往本地方任教员。然后将平时在校所研究者，一一试验之，其试验之结果，即为该校实业教育之教材及方法。

十一、学校须社会家庭化

吾国社会教育及家庭教育，皆甚幼稚。任一学校教育者，宜兼任社会教育及家庭教育之指导。要使学校社会家庭化。

（原题为《马彝初整顿教育之意见》，原载于《民国日报》1922年1月5、6、7日，署名马彝初）

高等教育如何改进

　　吾国现在所急急要求于教育者，一为改造社会、除旧布新，使社会无一不健全分子之一般教育；一为适应环境之人才教育。如过去教育能于上述两端紧密注意，则此次抗战胜利，决不仅得于侥幸；而日本降服以后，亦不致发生应付凌乱之现象。良以知识技能、组织训练，皆缺于平日，一旦临事，自不免于周章。吾闻熟悉事实者言：台湾及东北收复后，接替其各方任务之人才，几分全国人才之半数以应之，尚苦不周。其需要如此，而过去所造成者竟不胜用，或不够用；故社会上又呈"人浮于事"之现象，此非过去教育失败之证明乎？然应负其责者，大部分不在当前之政府与社会，而在历史上之政府与社会。盖在整个政治中，教育为一小环，自然受相互关系之牵掣；不幸自创办新式之高等教育以来，政治总在动荡之中，建国三十年以来尤甚。且有一较长时期，受经费影响，高等教育机关等于"破落户"之门墙，仅示其不失大家体面而已。同时教育亦即卷入于革命高潮之中：自教员以至学生，多弃其本位工作，则成绩何如，自不必谈。及十六年以后，以上两种情形渐告消灭，然以教育党化，及政治无整个计划之关系，故高等教育仍不能有健全发展。抗战以来，多数大学在搬迁之中，成绩自更难言，教育者虽欲负责而亦有无可奈何之叹。

过去之弊病

吾国高等教育，发轫于民国前五十年（清同治元年即一八六二年），初期情形姑不具论；兹仅略述战前各高等学府之情况为今后改革之依据。

集中都市之不当　北平为吾国往时政治中心，以人口比例论，自宜广设学校，然高等教育机关固未有合理之分配。大学有国立者四：北京大学、北平大学、北平师范大学、清华大学是也；私立者则燕京大学、辅仁大学、中国大学、朝阳大学等。同一区域而大学乃至八个以上，试一考其异同，除北平大学有农学院、工学院、医学院（即旧农业大学工业大学医科大学）为特殊；师范大学为特别造就师资之专校外，率如重床叠架。各校皆男女生并收，而平大中又有女子文理学院（其前身实北京女子高等师范学校），若非是不足为点缀者，其实皆以有特别背景之故。

上海乃工商业区域，使多设与环境相应之专科以上学校，自为合理。然二十年来，专科学校如晨星，而大学反辐辏焉：始而私立者多，继而私立者亦有改为国立者矣。暨南、交通、复旦、大夏、中法工学院、同济医工学院、上海医学院商学院等八校，皆国立者也；圣约翰、震旦、沪江、东吴、大同、光华、法学院、法政学院、东南医学院皆私立者也。数十里之中而高等教育如丛，除交通大学、中法工学院、同济医工学院、上海医学院等较为特殊外，其适应于环境需要者固寥寥也。

学科重复之弊　复按授课情形，则就平沪各大学某一科目而观，吾人当讶其学生人数之少与教员兼课之多：修习同一科目之学生不过少数而分散于各校，教员则供不应求，各校之同一学科乃往往由同一教员兼授，每星期担任时间有至三十以上（甚至有四十八时者），仆仆道途，耗费之时间已多，虽止以一种讲义到处敷衍，而上课时间必占每日之重要部分，更无自己休养之余暇。如是数年，自然落伍（他国大学教授任职至数十年，头童齿豁，而生徒愈加崇敬，学术界之声望愈高，而吾国情形适得其反），即不为学生所驱除，而被教之学生接受其永不修正之初版教科书，又有何裨益可言？

苟以此数量甚少，而科目相同、教员相同之学生，合并于一校，则从建筑设备以及日常事务上所因此而耗费者，大可移之以办新事业。即使此种事业仍为教育机关，但设于其他适当之地域，俾因家庭种种关系而不能远离之青年，亦有入学之机会。在另一方面，此种避免重复而新创于异地之学校，更可吸收剩余之教员。

重要实科之不足 现在各大学除学科重复外，尚有一相反现象，即于民族民生前途极有关系之若干学科，设置不敷，例如医、农、工各科。以吾国土地之广大，人口之稠密，疾病死亡率之高，大学中设医科者竟寥寥，即医科专校亦极少。至农工学科之设置过少，尤为人尽皆知之事实。今后允当一面裁并重复学科，一面增设社会需要之切要学科。

复员方针

最近收复之高等教育机关，大半因战事而迁徙，仓皇苟简，侨置于后方，名虽如故，实已全非。当此国家机构全部复员声中，若必一一还其本来，殊非复兴之上策。工业机关既可就地设立，并无必随政府"回銮"之理由，则高等教育机关，除私立者有其特殊困难（如校舍等财产仍在故地，无力别置），自不能止其不还外，国立者即可更为区划，不必一一皆使"回銮"。如北大、清华迁于昆明，从国家立场言，云南自当设一国立大学（云南虽有东陆大学，但为省立），则北大、清华苟必须仍设于北平，只需将侨置昆明之北大、清华两校名义取消，于北平重置二校，即为复员。若言校舍设备，不徙侨置者甚为简陋，且亦为国家财产，国家仍有支配之权；楚弓楚得，在国家宁有计较！况转徙万里，辎重损失，人力疲弊，运输所费，动辄亿万：有此余资，尽可予之原校，俾其重置。近时报载蒋××有因抗战而迁往西南之大学不必皆复原地之表示，闻朱教育部长对将来大学地点之分配，亦有考虑之意，实不失为复兴教育之重要原则。

改进纲要

体制 余于今后高教机构，并无重大变更之意见，唯机关似可只设二级：一、研究院；二、大学与学院。专科学校与学院，实质上并无分别，不必多立名目。学院之名，本亦可以不立，但如音乐专科学校若改为大学，或为乖同，固仍存此名，以处此类；其实亦单科大学也。除医学不得设高等职业学校外，他若农工等科，可设高等职业学校，归入中等教育之高中阶段中。

多科联立 国立大学以多科联立为原则：人文科学院，及自然科学之理学院，应用科学之医学院为必设者。若农若工等科，但以空间之关系而加减之，但必有为其区域内环境所需要之设置；而设立不必定在省会，若因地方辽阔，环境需要，则不妨设某科分院或某科或第某院。省立大学以单科为原则，亦视其环境之需要而定其所当设。如当地有国立大学者，即避其所已有之学科。若以地域广大，情形特殊，致国立大学某科院供不应求者，省立大学亦得复设，但不得设于同一地点。

地域分配 多科联立之国立大学，其分配除首都、蒙藏外，假定以地域之远近，交通之便利为原则，则旧东三省为一区，热河、察哈尔、绥远为一区，甘肃、青海为一区，山西、陕西为一区，河北、山东、河南为一区，四川、西康为一区，云南、贵州为一区，广东、广西至北纬十六度为一区，江西、安徽、江苏为一区，福建、浙江为一区，湖南、湖北为一区，台湾为一区，暂设十二区，相其地宜而置设之，使其四方之人皆得就而学焉。于此十二区中又划为四区，相其地宜而设置研究院，使此四区大学毕业之欲深造者就而学焉，教员之欲为专门研究者就而休养焉。假定以此为准则，则今国立大学之数已浮于此，当局者当斩断人事葛藤，以国家为前提，教育为本位，立定标准，作合理之分配，事前必须审慎，法定不稍迁就。

原有一地复式之国立大学，必须裁减；本无国立大学之地方，依新立标准必须增设者，即予增设。至于设立地点，不可拘于原有区域。举例如河北、山东、河南一区中，似不宜仍以河北为中心；即以河北为中心，则文理工各学院不必定设于北平市中心；原有工学院不妨并入北洋工学院，或将两院各加厘订充实，而为此区之第一第二工学院，原有北平大学工学院，就所设内容上需要而定其院址，总之亦以合理为标准。

名称 至于名称，似须别定，以免向来为此争执之弊，如十八年本拟并北京大学及工、农、医等单科大学为北平大学，卒以北大学生力争北大之名而仍两校对立，骛名而不责实，吾国一般人之大病。吾愿此后于合理的改革之下，勿再有此类之事发见。

私立大学及学院 私立之高等教育机关，固不厌其多，然绝对不许以营利为目的，在此后教育设施第一阶段中应侧重于实科学院之设立，其一切标准，应与国立省立者同等。

制度既定，机关既设，则内容必不容草率取具：原有设备者，当调查欧美大学最新之设备情形而补充之，其开始设备者得分年逐次充实，至有最高年级而完成。无论国立、省立、私立之高等机关之设备，必与世界著名之同等机关声息相通，年加充实。

充实师资 此外则师资亦有一严重问题。吾国高等教育有近百年之历史，近三十年中虽未尝无进步，而与日本相较，尤瞠乎其后；此其原因不一，而教师学术程度之不足与不齐，必为重大原因。吾国大学著名之教授，足与欧美著名大学之教授比足而立者，凤毛麟角耳。盖皆彼校助教之流也，尤有并其助教而不及者，抑有不及其高等弟子者，此非吾敢故为尊人而抑己也，可从教育上之成绩证明之，一也；可从教授之著作证明之，二也；可从教授之年龄资历证明之，三也。第三者似不足为证明之凭藉：颜渊年四十二而卒，已为孔门龙象；戴凭年不及四十而夺博士五十余席，何必以年岁计耶？然学术固非一踏而可及也。古人所谓皓首穷经者，亦言其难躐等而已。欧美著名大学之教授，几以须发皓然者为多，盖非对其所教有广厚之修养固不足以胜任，而广厚之修养，固不可以躐等而得也；其天资迈伦者乃特殊者耳。吾国大学教授率多中年之士，亦有翩翩年少而据大学讲座者矣。假如其不愧也，则吾国教育之成效当远过于彼，而实际何其不然？以言资历，大学毕业生一经出国留学两三年，归后便任教授，或有本校毕业仅一二年而亦为教授者矣，此种贩卖式之教师，每每引起学生之轻视，或竟致不满意之风潮；幸而无是二者，其教育之成效亦可以想见。（余尝见一本校毕业生而旋为教授者，观其所改学生课文，技术与学生仅相去一间耳。）

国民知识程度之必须提高水准，已无可疑。今之大学教授，其程度相差过远，假使教育部择一科目而试验之，立可发见其距离至何程度（尤以关于人文科学方面为甚），提高与政齐之法，不外：（一）聘欧美著名大学教授之在休假中者任特别讲座（如能聘为常任教授，自然更好）；（二）与欧美著名大学交换教授；（三）遣休假之教授赴欧美著名最高学术机关研究（或以需要而特派之，停止国或省遣派留学生，以其费用之遣派教授）；（四）严定教授资格，除已得外国著名学校博士学位者外，以必须提出专门著述为原则。其在外国以提出中国方面学术论文而得博士者，仍当提出专门著述；初任必为副教授（以前审定之教授资格须重新甄审），非经若干年重行提出著述者不得升为教授；（五）国立、省立、私立大学之教授轮流交换，以一年或二年为限。如是行之十年，高等教育之程度自然普遍提高，而中小学之程度，当亦从而上升。

大学校长之资望与独立性　欧美及日本大学校长，几无非年在六十以上，负学术界资望者；盖以学校自与其他政治机关不同，而大学尤为世界观听所系，即在其本校内如以年少望浅，或更增以学术无所表见者，巍然踞于教授之上，亦不足以餍校内各方面之心。今国内大学校长之资格，几皆以党员为原则，亦即以在学校内造成党之势力为办学原则，于是连带亦造成其个人势力，而终则内部之倾轧亦起，教育二字可以高挂不谈矣。此后研究院、大学或学院之院长校长，皆当以学术界之年德誉望足孚者任之，皆当每三年一轮流调任。如是可免教育学术机关领袖营私植党以为把持久长之弊，而文教机关始可造成纯洁之风气，以谋本位之发展。

（原载于《周报》1945 年第 16 期）

第二辑

思想启蒙与公民教育

军阀宰制底下的教育家的精神和工作

　　辛亥革命是民族的革命不是政治的革命，这是我们所不能否认的。中国需要的，实际尤在政治的革命。因为数千年来压迫平民的政治，把老百姓压迫得厌厌无生气了，他民族才得乘虚而入，占领了主权，变本加厉，增高压迫的程度。一般的人以为推翻了满洲民族，平民政治就可实现，自由平等的幸福，便可享受了，这就是给他失望的主因。

　　辛亥革命成功，侥幸产出一个共和政体的徽号，皇帝变为总统，钦命的资政院变为民众选举的国会，其他相类的事情，也都焕然一新。真若东亚的新产物，叫西伯里亚长途中生囚死鬼叹息不置以谓望尘莫及了。但是"取猨狙而衣以周公之服，彼必龅啮挽裂，尽去而后慊"，这就因为猴性未除的原故，民二（民国二年即 1913 年——编者注）的革命，是看定了单是民族革命是不行的，非将数千年来遗传的压迫平民的政治根本铲除，不能实现真正的平民政治，不幸为中国人好静恶动苟安的心理所战败，洪宪帝制、张勋复辟，以及种种祸祟，直到今日军阀的横行，都是民二革命失败后应有的产物。

　　进一步言，压迫平民的政治，不根本铲除，恐怕妖魔鬼怪，续续而生，暴戾恣睢的行为，更有进步。从前满洲酋长说，"愿将中国送给朋友，不给家奴"，我想中国正要由这一班做惯了满洲家奴的军阀手里送给欧美的帝国主义者。我们抗议的方法，自然只有政治革命的一路。

政治革命要从民众成功，方是真正的可靠的，这亦是我们所不能否认的。民众的政治革命成功，在革命史上看来，固多依赖着铁和血。但是铸造民众革命的兵卒，比较是更要紧的。铸造民众革命的兵卒的工具不能不首推教育。我不愿繁引博征，只举辛亥革命做个先例。辛亥革命种子播传时期，远可说是二百余年以前，自王船山著了一册《黄书》，明白地鼓吹民族革命，他这一派宣传他的主张，影响到智识阶级，力量不小。大概我们多知道的。到了清末，清朝想拿维新二字作延长他生命的护符，就开起学堂来了。可是主张民族革命的得了这个机会，就到处铸造革命的兵卒。我敢说清末学堂十个里有九个是铸造革命党的场所。因为抱民族革命主义的多半借着学堂做他的工场，所以辛亥南北中心的武汉一动，遍地响应，虽则多少也含些别的原因，但是确系这种工作的效能是不能否认的。依此看来，革命不能不用教育为重要的工具也是不能否认的。

现在我们既觉悟到非实现民众的政治革命，不能有真正的平民政治，而现在的军阀，最是真正的平民政治的障碍。要实现民众的政治革命，倾覆军阀，铲除真正的平民政治的障碍物，单靠一时的铁和血，是不济事的。所以我们不能不注意到教育是一种重要的工具。因为教育可以收到很大的利益，在目前的是铸造民众的政治革命的战卒，可以凭着铁和血去收革命的功效。在永远的是安排真正的平民政治的护兵，可以叫依着强权或武装的不能再有活动的余地。可是我的意见，铸造民众的政治革命的战卒，是今日不可不绝对重视的。因为辛亥革命以后，虽则依赖着铁和血在那里做革命运动的络绎不绝，但真正了解民众的政治革命的还是很少数，所以北方的军阀固任他横行，无可奈何，而且南方也曾出了一个叛徒。所以希望民众革命的成功，须有人人能战的兵卒。

　　说到这里，我们应当注意到现在一般教育家的精神和工作，尤其是在军阀宰制底下从事教育的教育家的精神和工作。

　　现在一般教育家常常高唱一种论调，就是为教育而教育。我想为教育而教育，确是最高尚的，不能否认的。但是守经的话头，我们抬头一看，现在中国的教育是什么样子。除极少数军阀御用的学校外，能够挺起胸来，说他的学校无困难的十个里有一个否。这种困难的来源是因什么，不是为军阀的搜括吗？再说眼前的国立北京八校，直是八校的教职员每日和军阀奋斗，勉强度过他三旬九食的生活。如不奋斗，怕早闭上大门了。这样说来，要讲为教育而教育已自不能离开奋斗了。但是为支持门户的奋斗，虽不能说是不合，终究是得过且过的，支支节节的，用力多而成功少。所以我觉得一般教育家必须从权一点，转移他的精神到奋斗上，而且转移到倾覆军阀、根本铲除真正的平民政治的障碍物的奋斗上，换句话说，就是必须有民众的政治革命的精神。因为非此亦不能找出为教育而教育的一条新生命。这种精神尤其是在军阀宰制底下从事教育的教育家必须的。

　　北京是军阀的巢窟，北京的教育是在军阀直接宰制底下转动不得的，所以有人说，"在北京奋斗是难用气力不济事的。"但是这话我最不爱听，最不以为然。我有两句座右铭，是"愈黑暗的地方是我奋斗的人们愈要尽力工作的场所"。古人也说过，"盘根错节，乃见利器"。譬如打仗不攻要塞是不济事的。所以我们在军阀巢窟的北京操奋斗的工作，便是攻打要塞的手段。至于教育方面，各省如何比得上北京，机关既多，人材又多，四面八方的人多有。由这里布散出去的人各种社会里多可以插足。所以我觉得在北京奋斗的工作，教育是独一无二的工具。只要在北京从事教育的教育家，视线都注射到非实现民众的政治革命，不能有真正的平民政治，不能实现真正的平民政治，教育也无从办起，便奋起尽力倾覆军阀根本铲除真正平民政治的障碍物的精神。这种精神里是伏着教育上无穷无尽的希望。

在军阀宰制底下从事教育的教育家，尤其是在军阀巢窟里从事教育的教育家，都奋起了尽力倾覆军阀、根本铲除真正平民政治的障碍物的精神，他们的工作是什么呢？教育自然就是他们的工作。但是我所希望的不是拿一本书册一件仪器挨过一小时的工作，是要将自己奋斗的精神移植到被教育的身上，而且用种种方法铸造成民众革命的战卒，听到动员令自能勇猛无前地去奋斗。这样的工作有三五年，定有绝大的效能。只（这）不是我的理想，在革命史上找寻起来，不乏这种先例的。

我最后一句话说，中国最近的未来的时期里，要离开政治问题纯粹地讲教育是不可能的，所以不如干干脆脆地来讲革命教育。

（原载于《新民国》1924 年第 1 卷第 3 号，署名马夷初）

为黄任之先生的来

　　黄任之先生是我三十年来的朋友。他是拿教育做他终身唯一的事业的，可是从前的政府两次请他去做教育总长，他却不肯去，他的理由是：教育办不好，政治决办不好的。

　　我呢，做了几十年的教师，也以为教育办好了，政治也就好了。但是我却几度走上政治舞台，几次担任过最高教育行政机关的职务。为的做官吗？我的官运是不亨通的，只是我看明白了政治办不好教育没办法的，这是我和黄先生同而不同的。

　　但是近十五六年来，我不但不担任教育行政职务，也不愿担任任何行政职务；直至近十年来连教育职务都不愿担任了。（抗战期里中山大学、胜利以后中央大学，都来找我去做教授，不是终究不去，也就登时回绝了。）而黄先生跑到重庆，却担任起政治工作了。

　　我不担任一切职务的理由，是因为我理想中的希望都断绝了。我的希望并不高大，也不过政治上轨道，民众有饭吃、有衣着，但是竟给我断绝了。黄先生呢，我和他不见的时候太长久了，不晓得他转了什么念头。但是我猜测他转的念头，一定是政治办不好、教育没办法。

　　果然，黄先生在重庆做了民主运动中心机构的中国民主同盟的中心人物，而我呢，最近又追随这里的民主运动的斗士们做了一个小兵。我和黄先生却同之又同了。

从我们两个忽同忽异、忽异忽同的上面看起来，可以明白我们中国近多少年来政治的情势，而目前我们不约而同地都走向民主运动的路，也可以明白中国的前途需要的是什么了。

国家不真正民主，政治没办法，教育也没办法，乃至一切都没办法；这是从国内国外的趋势和需要都看得很明白的。

黄先生这次回到他的故乡，当然带着很浓厚的民主空气来，使我们都吸着了。像我这样地老而将朽的，还想在新鲜空气里享受一番生平未享过的福，我想青年们自然不甘把未来的大好年华被这样地混过去，像人家那样享的民主福被这样地牺牲了。

黄先生今年六十九岁了，他还掮着大旗上前走，青年们一定跟上去，青年们一定跟上去。

（原载于《民主》周刊第 18 期，1946 年 2 月 16 日）

对于敬师运动的感想

　　我不愿在《时代学生》上发表任何意见，免得使人说我又唆使学生有什么作用，虽则在《时代学生》上讨论什么问题，不会使得某些学校因他的学生读了我的写作而被开除的。

　　《时代学生》必须要我对学团联所发起的敬师运动说几句话，我却不能推辞了，因为这个运动，够（勾）引起了我的感触。

　　学团联在不久以前曾经办过一次募捐救济失学同学的助学运动，这是替国家尽了不少力。因为不这样做，就有很多的学生没法读书，会使他们经身受到知识上的损失，而国家和社会上也受到很大的损失，因为减少了许多可以替国家和社会上负责任的人才，因为知识不健全的他们负的责任，就会减少力量。

　　哪里晓得不过距离救济运动两个月的时间，他们又来一个敬师运动，照这样的情形，青年们除非抱了"鞠躬尽瘁死而后已"的决心，恐怕类似的运动接二连三不断地都要你们来干。那末你们是学生呀！你们来读书的呀！在你们如果参加了要求民主的运动或者什么运动，就会有人责备你们不守本分，不肯读书，像这样的运动，想来不会发生问题。因为你们帮助政府可以使他少出些钱，挪到特务上去用，因为我们晓得本年度国库支出的教育经费才占总预算百分之四点七，特务用的我们当然莫名其数，因为列到预算上去的是一笔官账，实际上要用的只消一纸手谕，没有限制的。

但是你们帮助失学的同学可不行，因为教育本来不过对外的妆饰品，实际呢，最好没有一个学生，或者最好没有你们这种学生，因为有了学生，他们就是知识分子，也是讨厌家伙。"古之善为天下者非以明民，将以愚之"是我们常遵守的古圣人格言，所以助学运动，是不能久许的，还被硬派做了假冒嫌疑犯。

言归正传，到底我对于敬师运动有什么感想？教育部编的第一次教育年鉴戊编兴学以来教育大事记第二(十)七页有这样的两条"三月十五日（十年——一九二一年）北京国立专门以上各校教职员为运动教育经费独立一致罢课"，"六月三日北京八校教职员因经费事，随教育部次长马邻翼赴总统府请愿，与守卫兵致起冲突，伤及多人，所谓'六三'事变"。我请告诉读者，我就是"六三"事变伤及多人里的一个，原来军阀政府时代国库支出的教育经费也不过百分之几，整个北京从小学到大学，每个月的经费才二十二万元。可怜的教书匠在袁世凯时代中交票打对折，收入减了一半，假皇帝驾崩，钞票渐渐回复了原价，可是物价也渐渐高了，教书匠的收入，不能都按生活指数照加的，而薪水却欠上两三个月，或者每月发给这末几成。所以挨过了五四运动，大家得到一个团结就是力量的经验，就在第二年开始先向政府"索欠"，也曾罢课几个月。那时国务总理靳云鹏，倒还识趣，"约法三章"，彼此让步解决了，所以在这教育年鉴上便不会记着。

从这年暑假后开学到这年（十年）三月，教书匠肚子又扁得要死了，才又联合起来。大家觉得每次"索欠"不是办法，就定计划，要求教育经费独立第一，索欠第二，向政府交涉，当时社会上给了教书匠广大的同情，也有为这个运动发表了论文，也算得教育史一段小小的故事。但是政府哪里来理会你们，看你们目的不过是"索欠"，只要敷衍敷衍仍就可以了事；但是"众志成城"的教育经费独立运动并不肯这样罢手。坚持到要放暑假了，大家觉得官僚的作风，敷衍第一，我们要他不过的，书生本色的我们，还是仗着蛮气和他办个澈底的交涉。在六月二日各校的代表集合到女子高等师范学校，决定了次日各校教职员全体集合总统府的大门——新华门，我们必须和徐世昌办一办交涉，解决了问题。

在头年的"索欠"运动，是北京小学以上各校教职员联合起来组织一个联合会办的，因为北京公立的中小学由教育部所属的京师学务局管的，而经费是国库支出，和专门以上各校一块儿发的。中间中小学的一部分教职员受了学务局的运动，来撤台，所以这次便不去邀他们加入了，可是他们同样受了苦痛。到了六月三日，我们专门以上八校的教职员在女校集合了，整齐了队伍，直向教育部去请教育次长马邻翼，同赴总统府请愿。我们到了教育部，夥颐——从教育部大门直到大礼堂，挤满了小学以上各校学生，大礼堂上坐地的学生都是着童军装的，只见万头攒动，等候着我们发出命令，小学以上各校教职员自然也全部出马了，专门以上各校校长晓得他们的责任綦重，都来奉陪。当时我是八校教职员会联合会主席，就在大礼堂宣布了我们今日来请马次长（马邻翼是次长代理部务）同去见总统，大家一声的走，马次长也在前头领路了。我们到了新华门，我回头一看才见得我们阵容的壮盛，原来平常不肯轻易出来的北京大学教务长顾孟余先生也加入了阵团（他有肺病的，所以平常群众运动，他总不参加），可见得各校教职员真有团结的精神，也认识了运动的意义。但是新华门外重的铁栅都关上了，栅外布满了荷枪的丘八先生。我和马次长是领导在前，却被他们拿枪一横，挡住进路，后面蹋拉蹋拉的步伐声音，只紧逼上来，我的背上已觉得热如火炙。丘八先生又拿枪抵挡，把我和马次长来个腹背夹攻，马次长究竟是官，他说明是教育部次长，丘八先生就把他同牵羊一样地拉入哨线里面，我跟着上去，就被丘八先生倒转枪来，将枪柄向我头面乱击。我虽不甚觉痛，但觉得背后凉快了，回头一看，我们的队伍已被打散了，顾先生还远远地立着。

我脑盖上受伤了，右眼被打得青肿了，已经有人给我和几位同被打伤的高喊洋车送入了顺治门大街首善医院。这医院院长方石珊先生和我有过同事之雅，但他却正是内政部卫生司司长（或陆军部军医司）。他就得了命令说要派警察来看守我们，果然，我的病房外有两名便衣侦探朝晚不离地坐地。后来还是北大几位同事和教育部一位朋友徐鸿实先生想出办法，把我们送入东交民巷，法国医院，才脱了监视。

我们一住医院，就是两个多月。大总统徐世昌呢，想再斗（抖）一斗（抖）威风，办我们一个罪，要交司法衙门（还算文明，如在今日，不步于再先生等的后尘，也入警备司令部的拘留处）。可是法官告诉他，没有罪名可办，徐世昌叫他们研究研究，法官研究结果，说我们呈文上说话有损害他名誉的嫌疑，或者这样可以办得，但这是要大总统亲告。不晓得徐世昌怎样的手续，居然告了我，因为我是各校教职员会联合会的主席。

到了九月暑假满了，怎样办，开学不开学？结果是由教育部设法请了曾做过国务总理的汪大燮、孙宝琦两位先生，还有一位是前清广西布政使，辛亥革命时候被拥做都督的王芝祥先生代表政府向我们道歉，一面怎样撤销法院的诉讼呢，由法院派了检察官便服来到医院里，三言两语一问便罢。

但是教育经费独立终究没有办到，却得到孙中山先生从广东来了一个电报赞同我们的主张。等到十五年三月，段祺瑞执政，许世英先生做国务总理的时候，教育界的人，私人建议于许先生，开办教育特税为教育经费独立的预备，设立督办教育特税事宜一职，介绍我去任督办。但是段祺瑞也不需要教育的，只是装装面子，而且敷衍敷衍我，因为我是一个教育界的国民党人，我倒想借此贯彻我们从前的主张，所以接受了这种职务。可是"三一八"惨案来了，我想哪里还有希望，也哪里再能做这个下去，便痛快地教训了老段一番，辞了职，但是我的名字可落到要通缉的五十多人名单以内，罪名是共产党。

这样的一段历史很可以和现在的情况对照一照，那末现在的敬师活动和我们当时的教育经费独立运动，不是"异曲同工"？但是我们当时得到孙先生一个电报的奖勉和赞助，便怀了无穷的希望，虽想到国民党训政了二十年，教育经费才占总预算之百分之四点七，而上海教师的生活，要赖学生来发动敬师运动去维持他们，我对于学团联的毅勇仁厚的精神和许多青年们的不辞劳瘁，只有致敬。但是我以为盖漏、补牢，终究不是顶好的办法，所以我主张除了消极的想法救急以外，应该从政治方面来解决。例如增加教育经费的呼声，社会上谁也会给你一个回音，但是政府怎样？国库的收入，他要通盘支配，虽则胜利以后教育第一，但仍是一张支票，或者无期支票，因为实际上是军事第一。

我们晓得现代化的国家，财政方面不是量入为出，而是量出为入的；但是出有出的理，入有入的办法，决不能一纸手谕就支出，一张文告就收入。我们如果只是要求增加教育经费，就是政府俯允了，如数增加了，羊毛出在羊身上，老百姓出不起怎样？我们应该晓得现在国库的收入，如果要把支出整理一下，并不是教育经费只可占百分之四点七，只要军事第一，真正改为教育第一，不但教师目前的生活问题解决了，而教育各部门还可有相当的发展；所以我们不得只喊增加教育经费的口号，而是要实现民主政治。

政治民主化了，如果真是入不敷出，老百姓当了裤子拿钱交给政府来办教育，他的子弟没有怨言毫无异议的。照这样的情形，可要斟酌吧，所以我的意见，我们固然要政府增加教育经费，但是必须要同样争取民主政治，实现民主政治。

（原载于《时代学生》第 1 卷第 12 期，1946 年 4 月 16 日）

敬师运动和尊师运动

上海为了救济教师，有一个敬师运动，又有一个尊师运动。他们的目的，都是为了救济教师的生活。

现在他们的成果不曾揭晓，我也不注意他们的成果，因为我是根本不赞成他们这种运动的。

这种运动的目的，是募集金钱来救济教师的生活，那么名称就该老老实实叫做救师运动。现在用个敬字或尊字，有点名实不相符了。这可不去讲究吧，就说教师的生活，在教育原则上，不论中央的地方的公的私的政府都有计划的责任，尤其在中小学方面，教师的制造厂是政府，政府的制造教师是有目的的；那么，在制造教师的时候，就该计划到制造出来的教师的生活。换句话说：第一，制造出来的每个教师，必须给他一个本位上的工作。第二，他们工作的报酬，必须和他们的生活适应，这是无疑的。

例如近日报告消息，政府将在最近增设省县级师范三千班，养成师资十五万人，这自然是我们欢迎不过的。但是这笔经费，是否在总预算的百分之四点七教育经费里支出，或由省县筹划，筹划是否已有把握，都没有宣布，我们无从揣测。还有这十五万的教师，转眼就要造成的，造成了又怎样安排？绝不是只有理想的计划，而必须即刻事实表现出来的。

我觉得"教育第一"是对的，推广教育是必须的。但是眼前全国教育将到不能维持的地步，那就当然"急其所急"，必须把现状维持起来；维持现状的目的，不是仅仅为保全教师的生命，不至饿死，乃是要使他们生活安定，不致分心而得安心教育，收得教育的效果。

我们要问：现在教育何以会弄到不能维持的地步？自然大家都说因为物价高涨。那么，物价还在高涨，这样任它自然，或者更有人为的使它愈加高涨，教育根本就会被物价高涨的威力消灭，什么维持也不必谈了。但是我们从上海油漆一下外滩大桥就花八千万元（有的说不止这个数目），还要造凯旋门啦，开什么公园啦，至于保卫团有什么用，要花十三万万元的临时费；保甲是压迫民众的工具，民主政治所不需要的，每月要开支多少，我们还不知道，大概数目总也不小。至如中央呢，国民大会设备费，花到七万万元，还都的庆祝费又不知要开支多少。我们觉得中央和地方政府不是没有钱，为什么教育竟弄到不能维持的地步，而要社会上和学生界来做敬师运动或尊师运动？

敬师运动和尊师运动，名目太好听，实际教师好像乞丐的等候布施，给教师的人格看成什么样？我以为敬师为维持生活为维持教育，向政府说话，态度是光明的，立场是正当的。社会上为维持教育，应该向政府说话；说话的理由，人民是纳了不少税的，政府的设施，人民不能参与的。（伪民意机关不在话下）财政向不公开的，社会上如果看得教育真是重要，应该从正当的途径上想法维持，不该用慈善性的布施形式来解决这种困难的。现在政府好像忘记了他的责任，只盼得社会上慈善家资本家掏腰包，是不对的。

如果说政府无钱，所以只好盼望社会上来救济，可是社会上一样出钱，不该用慈善性的布施形式来办救济。我们只要政府的设施都问过人民，财政公开了，我们出的钱，还是一样出，而且或可以更多出些。不过不该这样地出钱，使政府逃避责任，使政府变相地向人民搜刮，使教师等于乞丐，损伤他们的人格，影响到教育本身上。况且政府如果无钱，那种八千万元、十三万万元等等有什么必须花用的理由？这些钱难道不是人民的血汗？

所以我也主张"教育第一"，我可主张要从正当的途径上想法来维持教育的现状，怎样叫做正当的途径？就上海论，人民应该请政府把施政计划拿出来，把预决算拿出来，人民认为计划是适当的，开支是合符的，而现在的收入不够，现在的支出有合理的需要，不能不增大的，由人民审核而后怎样设法来解决这个困难。不该来这种敬师运动或尊师运动，替政府做变相的搜刮人民的工具，反使他逃避了责任。

我在这两种运动的开始，不愿说话，免了人家说我有什么作用。现在这两种运动已要结束，而教育现状是否就此维持下去而无问题？所以我才提出了我的意见。

我们知道我们国家预算里军费要占一部分，在抗战的时期，"军事第一"，我们自然无话可说；现在胜利已过半年，大家都望整编计划的实现，可以节省军费来做建设事业，建设事业当然是"教育第一"。教育经费实应该全部由国家担负。现在田赋由国家征收，虽则不必把地方教育经费由国家担负来做正面的交换条件，但也很有理由，可以作为交换条件。那么，整编计划应该赶快实际地实现（现在一方编裁，一面改头换面保存原来兵额），节省下来的费用，本"教育第一"的方针，教育计划很可以扩大，经费不愁无着，教师生活问题自然解决。

但是东北战事蔓延到东南来了，甚至快蔓延到全国了！那么，又要"军事第一"了。这样循环无端地下去，教育总挨不到"第一"，教师生活也必"每况愈下"，敬师运动尊师运动是否也是循环无端地运动下去，当然不能，那么大家仍就应该起来先把内战制止了，教育才有办法。同时也须实现民主政治，教育才真正可有办法，否则支配权老是操在政府，教育经费也老是百分之几，那不如不要这样一点点妆饰品吧。

末了，我还要贡献一点意见：敬师运动尊师运动这种慈善性的布施方式募来的钱，应该有个极善的处置。我以为他的用途，应该规定为教师临时急需的借贷，和教师失业时借贷教师和他的直系亲属疾病死亡的补助，他的子女教育费补助等项；而这笔钱只做基金，拿运用所得的利润来做上说的各项开支。

（原载于《文汇报》1946年5月5日）

民主自在中国生长

　　中外的圣经上却（确）没有预言过二十世纪是民主的世纪，但是我们相信他的确是现代圣经上"开宗明义"的第一个揭示。拿我们中国来说，人家比他是一只睡着的狮子，他鼻子里"呵！呵！"的声音好像到现在还是继续地发出，但是他的全部神话已在那里震动，我们晓得他的两只威光炯炯的大眼在一"刹那"就会张开。

　　唐人有两句诗，是"早知潮有信，嫁与弄潮儿。"我是生长在钱塘江边的，钱塘江的大潮是世界都晓得的，每年中秋（旧历八月十五六日）的潮顶大，真是排山倒海地什么都被他一卷而去，相信潮流是不可和他忤逆的。现在是民主的潮流澎湃得要排山倒海，谁挡了他的驾，是谁失败。

　　但是唐人诗里的"弄潮儿"，又是怎样一回事？我们自然不看见唐朝的"弄潮儿"，古书上也不曾说起潮怎样弄法了，但是我却看见过钱塘江上的"弄潮儿"，他们实在是一只一只的小船，撑向潮头去迎接它，他们能够在潮头里钻进去，一忽儿他们竟都在潮头上面排列着了。在他们被潮头吞进去的时候，看官们哪个不替他们心惊胆碎，等到他们排列到潮头上面，大众又眉飞色舞拍掌欢呼。

现在民主的潮流，正要把我们中国吞没了，我们这辈"手无缚鸡之力"的文化人，只能比得钱塘江大潮里的"弄潮儿"做些迎潮工作。但是偏有一辈所谓顽固分子，他们并非没有眼睛不看见时代到了二十世纪是民主的世纪，偏要撑"上水船"，而不肯同来做"弄潮儿"。有人说这无非是一团私意蒙蔽了他们的良知。但是他们却不晓得自己揭去他们良知上的蒙蔽，而反怨恨这辈站在潮头上的"弄潮儿"，不断地如昆明、北平、南通、广州、重庆的惨案，都是出于他们良知上受了一团私意的蒙蔽，而发为怨恨所产生的结果。然而他们并不因为激动了群众的反感和广大的抵抗而有所觉悟，更进行着严厉拒绝民主潮流的来袭。如最近要普遍地实行所谓"警员警管区制"是想根本地剿灭了一辈弄潮儿，以为民主就不会到中国来了；或者他们可以"蒙马以虎皮"地来行他们所谓民主的那一套。这种梦想，没有大地震或原子弹这样的威势显现在他们的面前，不容易使全部的他们会得警觉。

说到这里，我觉得他们的眼睛和一辈弄潮儿一样，或者他们的眼膜上更没有一些生理或病理的障害，他们决不曾"看朱成碧"，而竟漠视了现实，愿意做逆流的落伍者，是否真是他们良知上受了一团私意的蒙蔽？依孙中山先生知难行易的学说，是必须先知得才能行得？现在他们这样断然的行动，是否他们真已知得所以才这样行。据我个人看来，他们完全没有把孙先生的学说去研究研究。因为孙先生所说知难，正是要把客观的现实，弄得明明白白如同数学上的二五必定十，而不是玄学上的二五未必是十的这样，所以决不会自己骗自己，明知不应该这样走，偏偏头也不回一回地这样走。

一辈的人知道吃砒霜要死的，所以除非寻死的人不会吃砒霜的（自然不是现代科学上的制成砒□剂），这便是知得所以能行。孩子们弄火，必须烧痛了他们的指头，他们才不弄了，也是知得所以行得，不曾烧痛了他们的指头，就烧着他们穿的衣服，他们还不会把弄火这件事停止下来的。那些所谓顽固分子，他们不以为民主的潮流是不可抵抗的现实，仍就是由于他们不曾把二十世纪客观的现实知得明明白白，所以才强顽地抵抗。

中国需要民主，孙中山先生在十九世纪末了，就知得明白了，所以他建立一个三民主义，叫做救国主义，而三民主义是以民权主义贯穿了民族民生两主义，就是不实行民权主义必不能完成民族主义和实现民生主义。很显明的事实，中华民国三十五年来，第一度的"辛亥革命"，只从满族的统制下解放出来，不能从世界帝国主义和资本主义的半殖民地里解放出来。因为军阀专政，他们不知把满族统制制度推翻了，必须建立民主制度，才可以抵抗帝国主义和资本主义的强权，排除了压迫，所以他们仍就成了帝国主义和资本主义的工具，而中华民国仅仅不是满族的统制而已。

假使日本侵略中国，而不行他们的南进政策，就没有十二月八日的事情，那末中国今日极可能已成为世界列强共管的局面，幸而他和英美也开战，我们才算得了一个反（翻）身的机会。但是日本败了，中国算列为五强之一了，到底我们的民族，是否真正已从帝国主义资本主义解放出来，不能不说还是一个疑问。实在说来，我们民族并不曾完全得到自由，在旧金山会议里，我们不过"画诺"而已。那末民族革命依旧并没完成，只就因为"辛亥革命"后只是得到一个空的中华民国头衔，并不能表现一个人民的国家的力量，原来并非一个民主国家。

那末，我们要完成民族革命，走和平的路线，就只有真正做成一个民主国家。现在我们还算"得天独厚"处于苏美两强中间，他们都愿意我们做成一个民主国家，得到这样一个优越的环境，趁此实现民生，不但完成了民族主义，而民生主义亦可着手实现。因为由人民国家的力量，自主地调整国际关系，利用人家的资本来解决我们的民生问题，而解除了资本主义的束缚。

　　这样一个客观的现实，作一个简单的说明，我想真正信仰三民主义的人应该至少有这样的了解，那末对于民主的潮流卷来，只有迎上去，没有拒绝的道理，是显然无可疑的。但是一辈所谓顽固分子，反更进行着严厉拒绝民主潮流的来袭，必是不曾知得明白，才有容纳他们私意的余地，否则私意无从起来，否则孙先生知难行易的学说也还要研究研究了。

　　有事实然后有思想，这是孙中山先生这样说过的，现在我们的环境已不容许我们不往民主上想了。老实说，前清的末年，他自己造成了一个叫我们往民主上想的环境，所以才会有孙先生的三民主义出现，大家会跟了孙先生的三民主义跑。中华民国以来，袁世凯和他的"总理"们，还是不断地造成叫我们更努力往民主上想的环境，所以才有国民革命的成功。国民党二十年训政，实际一无所训，因为他并不曾把至少限度的民权初步教我们实际学习学习，而他却也不断地造成叫我们更迫切地往民主上想的环境，所以可说民主的确自在中国生长，现在他已是"成丁之年"，他不能再受呜呜拍拍"阿胡来""阿胡来"这一套了。

　　我们奉劝所谓顽固分子，还是多研究研究孙先生的遗教，他里面倒有兴顽发固的妙药。

（原载于《中国学术》1946 年创刊号）

胜利一年了

"鸢飞戾天，鱼跃于渊"，好像古代诗人预先替我们为抗日战争写了这样的两句象征胜利的诗。

积弱无比的中国，忽然挨进了世界强国的队伍里，被称做"四强之一"，这不是"鸢飞戾天"？被日本侵略到仅仅保守了"半壁山河"，还要时时防备被逼而退入西康或新疆，一下子强暴的日本竟向我们中国也扯起了白旗，使我们"扬眉吐气"做起第一等强国的国民来，这不是"鱼跃于渊"？

我们为什么主张对日抗战？我们为什么愿意牺牲了几千万同胞的生命，还损失了不容易计数的财产？不是正为了求免被日本并吞我们的国家奴隶我们的民族？居然胜利来临，就说并非"功自我成"，也出过几分力量，总可"聊以自慰"。

但是，我们对于任何国家想要拿我们的国家加入他的领土，或者做他的殖民地以至次殖民地，把我们中国的人民做他们剥削的对象，我们一样地反对。这是无疑而确定的铁则。

在去年日本投降的消息传到上海，我们像疯狂一样，不管日本并未正式宣布投降，日本的海、陆、空军还围裹了上海，我们已"目无余子"。在八月十日夜到十一晨前后七八个钟头里，有大群民众"不期而集"地游行，从黄浦滩直到梵王渡，把我们八年的闷气，喷泉似的放了出来。

到了跑马廊草场上跪了大量的日本男女，恭敬涕泣地听他们的天皇在广播里宣布投降。但是，上海还是像日本所有的样子，还是由日军担任维持秩序，交通要道，日军架起了机关枪守着，这样的情形底下，我们的心理上是国军几时到？来得快些吧。再等了几天，还不见国军的影子，我们又是这么想，国军为什么"姗姗其来迟"？

我们想象的国军，是我们自己的武力，永远和我们在一条线上，对付的目标，是任何方式的对我们国家民族的侵略者，他们永远了解得枪口儿只朝外。

第一次听到国军到了，在黄浦滩上岸，大家就奔得去欢迎。又听得市长要到了，应该开庆祝会了，东西南北几十座的彩牌坊，高耸入云，南京路、黄浦滩，更有特别的点缀。庆祝开幕了，鱼龙百戏，爽心夺目，全市的大小国旗，飘扬得几乎遮却了目光，一条南京路挤得水泄不通，这是有上海以来"破天荒"的热闹，还有人"喜极而涕"。显得人民对国家何等关心，他们有说不出写不尽的情绪，他们拿胜利来临的快乐，克制了沦陷中的悲哀，也拿着未来的无穷热望，安慰着过去深刻的苦痛。

我们相信在中国任何地任何人都有这般景况。

一个被人家打得"落花流水"像破落户的中国一忽儿重振门庭，左邻右舍固然"刮目相看"，自己的七房八户也都焦心着怎样办！

我们的理想：这时候当家的，第一，要把七房八户团结起来，造成"一家和气"；第二，挂起一幅治家格言，自己带了七房八户共同遵守；第三，全家坐拢来，商量一个怎样整理残破的产业的办法，计划一个重新振作家庭的办法，这是最低限度的要求。

可是事实上给我们看的，什么先遣部队到了，"地下工作者"公开活动了，我们的安慰，不曾得到一点儿，却把我们看做被征服者；像日本人一样"趾高气扬"地对着我们，叫我们已倒呼了一口冷气。

接着的表演，不少地方屋子大门上，贴了什么什么机关的封条，有的是，你封了，他再封，横七竖八的只是封条，我们就看出了毫无计划，必定搞得一团糟。

这门一封，有的是几个月还是封着，可是里面的东西，倒是不翼而飞，原来可以开后门的。

好一点的住宅，渐渐地有特殊阶级的人们光顾了，他们办事的确能够简单化，只消命令式的几句话："你们即刻出去，我们即刻要进来，里面的东西不许移动。"天照应，他们找到了更好的地方，放过我们了；怎么还不来，话没有离嘴，彭、彭、彭、彭，紧急的敲门声音，震动了一家人的心房。

这些现象，也许不曾脱离军事的时候照例该有的吧。他们就这样地自己譬解譬解。

在我们相见的时候，总会谈到某处什么人家什么铺子被敲竹杠了，几百万是起码吧，几千万也平常东西，上万万也不稀奇。我听说一家酱园，被两个不同方向的敲去了三千万，固然，伪钞不值钱了呀。是谁去敲的呀？咳！你装傻？你真是蠢货？

报上登起广告，××队招考××，找出路的就去应考了，一个少爷去应考了，考是包你没有问题的，可是你得自备服装，自备武器，还得公认一笔××费，三千万元。

谁都有大公馆小公馆了，汽车崭新，房子漂亮，太太一个两个乃至三个四个自然更不必说。这样，"五子（条子——封条、金子、房子、女子、车子）登科"的一个"玉堂佳话"里的美名复活了。

蜻蜓——不是，蝗虫似的飞机，一阵阵从西而来，这样，就照顾了萧条的上海市场，酒楼菜饭馆不但不必关门，生意重新兴隆了。呀！真便宜，这一席酒只要三四万块钱？再来好些的。

估衣，绸缎呢绒百货公司，家家"川流不息"地有主顾进出了，尤其金铺银楼，贵客"接踵而至"，这正象征了胜利来临，也是繁荣市面的好消息。

可是，像被征服的上海人，鹑衣百结的，还是鹑衣百结，大饼油条过日子的，还是大饼油条过日子，大饼油条却不断地涨价。

煞好看的现象，还是办"接收"，有许多仓库在还未派出"接收大员"时，老早被"接收"了，听说是做一笔重要使用。那种横七竖八贴上封条的，结果好像三不管，一来几个月里没人顾问，就不是像三不管的，也会任他米也烂了，布也霉了，豆子出芽了，制革厂的皮张变做肥料了。

还有你抢我夺，拿国家的财产，用党的权力来占据了，同一个系统底下，只为派别还是不同，便挖路头，托人情，各不相让，务祈到手，同样的事情，今朝命令这样办，明日命令又那样办。

例如都是伪钞，储备票二百元换法币一元，联准票五元调一元，联准和储备，他们原来有折合律的，为什么不依他们原来的折合律计算？又例如学校伪了，教员也伪了，学生也伪了。但是却可以这里伪，那里不伪，这个时候伪，过一会便不伪，这个官员说伪，那个官员说不伪，低级官员说伪，高级官员说不伪，"诸如此类"都叫大家莫名其妙。

等到在外国舆论上发见了"无能""低能"的这些批评，我们才"恍然大悟"，但是老百姓吃"无能""低能"的苦头却够了。

可是，他们办事无能、低能，弄钱的本领，却高明得很，一弄就是几千万、几万万，以前我们晓得的实在还真不算稀奇呢。这两个月来，粮弊案，路弊案，什么案，什么案，给我们头也弄昏了，大大小小，算不清他桩桩，件件，件件，桩桩。如果有一两个月不听见有贪污案子，才算稀奇呢，因此，中国官吏百分之百的贪污，也在外国舆论上发见了。

中国真地大人多呢，广东一日饿杀几百个，湖南一日饿杀几百个，什么什么地方都是饥民成群，是不是真没米煮饭呀！却不尽然，米——另有他的用途。

"舞弊"，"舞弊"，面子上难看了，技术需要讲究讲究吧。技术高明，不但不会闹成"舞弊"，而且收获的可能越大，你们不看什么金融事业、生产事业，都会集中到××名下，掌握在××手里。你试试看从敌伪名下拿来的工商事业，一会儿就会支配得干净妥当，也就集中到××名下掌握在××手里去了，你难道可说他是贪污？

一个国家的经济基础是民族生产，现在中国的民族生产怎样了？就一部分民营工业来说，工厂十家有九家要"关门大吉"，这是我们每日听得这样喊的，可是没有办法的，不得不"关门大吉"，有办法的来一套把戏也就没有问题。总之，你们走投无路的时候，只和官僚资本打成一片，就什么都有办法，只要你不太傻。

重庆谈判四十余日，虽则没有结果，但是发生了影响，所以有本年一月里召开各党各派和"社会贤达"商量政治的"政治协商会议"。

"政协"几乎难产，总算遇到救星，二十日的工夫，有了大大的收获，可是"天不悔祸"，不会脱离"宗法社会"的中国；长房长子该有特殊地位特殊权力的，他率领他这一房头，提出了一个对"政协"决议案的抗议，掀天的风浪，又从平地上起来；把个"普天同庆"的情绪，像淋头一勺冷水，使他顿时心花蔫了下去。

"还政于民""四项诺言"本来是"遮眼法"，发了支票不兑现，中国常有玩这一套的，好在"唯力是视"的时候，只看拿不拿得出拳头来。

打仗要人的，人要吃的，吃的是米；种米的人变做只吃米的了，可是军粮还要"征实"，可怜的我们——老百姓，八年的抗战白白牺牲了我们的父兄子弟，白白受到倾家荡产的损失。我们要求和平，我们呼吁停战，他给你们的代表一顿打，打你们代表的宣告无罪，欢送你们代表的，骗去，拦路劫去，判他们一年半载的坐牢。

学生、工人，你们要民主？你就没有读书、做工的资格了，开除不过是杀一做百吧。

我们从抗日战争停止到内战正在发展的今日，整整一年了。我们回顾这一年的情景，不是像做梦，却像上尖刀山，落油锅，这种地狱里苦痛，我们在青天白日底下受着，大概这里本不是阳间，而是阴间。

我们再看一看我们的国家，也像在那里走"奈何桥"，走得过是超生，走不过，便跌入河里永不翻生。

这是胜利一年的可庆祝的日子呀！

胜利！胜利！是啥人个胜利？

（原载于《周报》1946 年第 49、50 期合刊）

中国现代青年之路

我们不愿牺牲青年作任何工具，但我们不要忘记了青年是下一代社会的中心分子，他们自有他们的历史使命。他们要负起他们的历史使命，还要完成他们的历史使命，就该认识他们应走的一条路。

我们晓得社会是推陈出新的，换句说话，就是不断地在进化的，这进化的根本因素，就是人类的生活，时时在创造环境，这种创造环境的责任，只有青年最能担任起来，因为他们自己有个园地，可以栽培他们要栽培的什么。他们这块园地是什么？是他们坦坦白白地一颗心；我们不要轻看了青年，以为他们不懂什么，可以供给我们作工具；我们只要在我们的家庭里，随便注意一个儿童，除了太愚蠢的外，他能够辨别我们要使用他的意义，何况青年，他们的智慧，已经达到相当的程度。

我们假使信任青年，由他们自动，我相信他们除了太愚蠢的外，都喜欢创造而不喜欢因袭，这就是社会新生的基础。所以除了自私自利别有作用的，想利用青年作工具，达到他的目的的，像历史上的帝王英雄主义者，对于青年，除了将我们正常生活的经验传给他们以外，我们要帮助他们走上创造的路；譬如一家，只希望子子孙孙像他们的祖宗一样，那就窒塞了一家前途的发展的生机。我们晓得通常人家，总希望子子孙孙的一代比一代好；那末，我们对于青年就该帮助他们走上创造的路；否则我们就该承认一种窒塞社会进化生机的罪恶。

窒塞了社会的进化的生机，从民族来说，就趋向后退，落伍而遭遇到恶劣的环境，不以使整个民族陷为奴隶，也就走入了灭亡的道路。否则也永远过着原始生活，而现代的幸福，都无从接触。

我们中国，以前被人称为老大帝国，就因为二千多年的封建主义者从教育上把青年训练成了他们的工具，窒塞了社会的进化。近百年来，欧洲资本主义的侵略政策"东渐"的结果，唤起了我们民族的觉悟；从历史上看来，首先觉悟的，还是知识分子里的年事较轻的像龚土珍（疑为龚自珍之误——编者注）谭嗣同一辈；但为环境的关系，很难有集团的表现；前清光绪二十年的"公车上书"，虽则，达到了集团的表现，不过不是全体青年的集团，而是青年策动的集团。后来京师大学学生的上书，拿身份来说，倒是青年时期，可是，当时的学生，年龄很多在三十岁左右了，所以虽则是一个学生集团的表现，而不尽是青年的集团；但是，他们的行动，都影响到中国的前途。可惜，尽管不失为爱国运动，而欠缺正确统一的目标。

正式的青年集团的出现，要算五四运动，所以五四是个青年自己的历史节日，他有正确统一的目标，他一面结束了过去的爱国运动，一面发展了未来的反帝反封建乃至积极的改造整个中国的运动。

我们从五四运动揭出的民主、科学两个目标来看，他是要把中国根本地改造一下，这种改造，不单是政治制度的革命，而是社会组织也要革命。

从封建的社会产生的政治，自然是专制独裁，和他不能分离的官僚资本控制了社会经济，剥削者和被剥削者，形成了峻深的阶级；两种不平等的结合，就使政治制度革命，也决不能实现真正的平等自由；不过被乔装民主的利用，达他自私自利的目的；中华民国三十五年的历史，只是一个伪民主的舞台，就因为缺乏了社会组织革命的条件；而这实在是改造整个中国的根本条件。

现在的中国，说政治，是集专制的大成，说社会，还是半封建半奴隶的残影。假使仅仅政治制度的革命，而社会组织不从根本改造，封建的残余永远不能清除，依旧不会实现真正的平等自由，那就没有达到民主的目的。

何况现在中国的封建的独裁的支持者，和国际的帝国主义结合了，互相依赖，剥取大众的利益；历史上只有蒙古略获了中国，是国家民族同时受到严重的危险；但是，那时，两方都没有进入科学时代，而中国文化水准，超过蒙古很高，所以不到百年，终究驱逐了蒙古，光复了中国。现在遭遇的蒙古不止一个，他们的文化水准，因科学的关系，超过于我们很高，这样的情势底下，不但亡国的祸水，已在眼前，跟着民族的灭亡的危险，已有可能地伏着。

我们认识清楚了中国所处的环境，和国内的现象，我们认识了五四运动的目标和路线，我们就可以拿他们自己决定的，指示现代青年应走的路。

改造整个的中国，在没有现在这种国际环境，已经是千辛万苦的工作，在现在这种国内外的环境里，没有奋斗的中心分子，前途是很黯淡的，在我个人认为奋斗的中心分子，就是青年。因为老年一辈，像我们这样的，知识精力都已不够来负这个奋斗的责任；中年一辈的，他们的社会关系太深了，奋斗的勇气跟着差了；所以只有青年从他们坦坦白白的心地上，鼓起毅力勇气，才可以担负起这个艰巨的责任。

但是，五四运动距离今日，已经到了二十八个年头，现在政治、教育上都表现着迷惑青年的现象，我们不能不重新提一提这条青年唯一要走的路。

[原载于《文汇报》(五四纪念特刊) 1947 年 5 月 4 日]

给"新社会"说些腐话

平心先生主办本报的新社会栏，坚决要我写点东西，还指定要我写点关于青年修养的，我没法推辞，而又实在写不出什么：我觉得我的青年时代，是在整个封建的旧社会里，自己摩墙索壁，忽忽地过去，没有什么"心得"；那时，我的父亲早已去世了，伯叔都对我毫不关心，事实他们也是"一无所得"，没有可以指导我的。从了几位老师，也是一样，直到进了养正书塾，老师教我要先"立志"，我问怎样"立志"？老师问我在古人里想学哪个？我想了一想，就对他说："文天祥。"老师也没有什么话说，后来还是读了些理学家的书，像王阳明的《传习录》一类，才晓得做人，学问还有许多道理。但是，这些书在哲学的立场都是属于唯心论的，我当时就在"立身""行己"上做些"诚意""正心"的工夫；可是，"意马心猿"总是部勒不住。

我的家，从祖父手里当进了一住宅，总算有了"家徒四壁"的资格。但是我的父亲遗下来的只有四季不全的衣服，我至今记得的，只有一件宁绸珠皮袍子还像样子；所以这时的生命是掌握在我的母亲手里的。她从三十五岁上做了"未亡人"，只守着我们兄妹五个；她早上要愁晚上的食，晚上要急早上的食，是我看在眼里，记在心里的，这是给我很好的教训。她在我上了学以后，每饭或蒸上一碗鸡卵，或做一碗糟蒸条鱼（杭州叫白条鱼，是很贱的东西），总先告诉一位帮工的老妈妈，"这是给大阿官吃的"，意思是不许我的弟弟妹妹先吃，这又给我很好的教训，晓得母亲的爱，真是仁义兼到的。我的祖母因病吸上了鸦片，母亲侍奉祖母，临到三更时候，她从来不曾现出一点不乐意的神气，等到祖母过世以后，我的父亲也跟到过世了。有一天我在门口看见江北人拿麦糖吹做玩具的，有一根鸦片烟枪，只卖三个小钱，我向母亲讨了三个小钱买了下来，并不说明是买这件东西的。拿进屋里，母亲一眼看到便伸出从来不曾打我的手，毫不可惜地打得我"莫名其妙"地叫"啊唷"，她便停手了，两条眼泪直淌下来，只说一句："你不看见我为了你的奶奶吃多少苦？"这又深深地，给我一个好教训。在我十七岁的时候，我在杭州养正读书，一位老师对我说：有一个抚台没有儿子，想把他几十万的家财招赘一个女婿（其实这位抚台是我的祖父的朋友，儿子早死，只有孙女儿），有人要替你做媒，你愿意去入赘？我的回答是不愿意做"赘婿"，也不愿和富贵人家结婚，老师也不说什么。我回家把这件事告诉母亲，她说"我也不愿拿你去换银子"。这次，我不但又得着一个很好的教训，而且接受了母亲更深的爱，晓得母亲对我的婚姻，不会有什么干涉的。所以后来又有一位江西人姓赵的官僚也要把他的琴棋书画件件都会的女儿许给我，也是有一份家财好得的，我也回绝了，母亲并不怪我。

我的母亲是"庶出"的，母亲的母亲为母亲另一位"庶母"妒忌，自我的外祖父死了，便得了精神病，母亲便把我的外祖母接了过来，一直住在我家里，到八十岁才死。母亲却对那另一位"庶母"，并不记恶，和这位"庶母"生的妹妹，也和同母的妹妹丝毫没有区别。老来时时留着同宿，还把自己的衣服送给她，因为她的丈夫也早死了，家里也贫了，母亲只说，"她们多可怜呀，况且都是我父亲的人。"

我的伯父，前后两位太太，生了五个儿子。二和四都早死了，把第三个带了出门，一和五留在家里，他却一年到头没有一个大钱寄来的，我的父亲是很重情义地把两个侄子和儿子一样地看待，我的母亲也分别不出侄子儿子来。父亲将过世的时候，得了那第三侄子私下来信，说被"庶母"虐待得不堪，要求叔父救他出来。父亲便托人把他带回家里，看见他的右手大指和二指几乎要分离了，身上的衣服也没有好好的一件，白虱也满了。母亲替他弄好了指头，清理了衣服，才像是一个人。可是，这年我的祖母和父亲和伯父的大儿子连续地过世了，伯父奔丧回家，把他的姨太太也接回家了，因为他负担不起我们母子的生活费用，便搬开去住，把两个儿子带了去，依然像奴隶样地待遇他们。那第三个依然逃来依我的母亲，母亲替他找一个行业，去学裱画，他生性不肯上进，终于没有面孔再来，也不晓得走上哪里去了。那第五个在他的父亲那里住了五六年后，也跑来找我母亲，母亲替他找一个行业去学钱庄。我这五阿哥倒是要好的，但是染了肺痨，病重了回来，母亲替他料理医药。但弄不好，他临终只向我的母亲说："三婶娘，我来世报答你吧。"母亲通知他的父亲，也不来问问，只得替他办了后事。

母亲在我不曾成立的时候，赊借度日，有时空手回来，一言不发，赊借到手，总说："将来须得补报他们。"后来我成立了，她自然不须再去张罗，却专喜欢替贫苦的人想法子，解救他们的急难。

这都是我的母亲给我的做人，打了一根基。我常常拿我的母亲的行为对照到书本上去，同时也体察到社会上去，我觉得这是教我修养最好的范本。

我是读线装本的，我对于孔二先生说的"智、仁、勇三者天下之达德也"和"智者不惑，仁者不忧，勇者不惧"，几乎是一日"三省"的。起初把"智者不惑，仁者不忧，勇者不惧"三句拆开了看，觉得没有入手的地方，后来把他从智到勇一串地看，觉得有意味了。（我读书不大喜欢看古人的注解,总是先拿本文自己体会一番)但是,还觉得没有入手的地方。后来为明了大学里说的"致知在格物"是怎样一回事,起初实在懂不得格物两个字,因为古人对这个字,下了几十个解释,都是讲不通的。等到我研究文字学以后,才晓得格物,是分析对象的意思,分析对象是取得知识唯一的方法,我才晓得怎样才可以称为"智者",和"智者"所以"不惑"的道理。因为由分析对象取得的知识是客观的是真实的,明明白白的现实摆在这里,谁也不能强辩了!那末,还有什么"惑"?因此,我除得了被我的母亲打好了的根基。就用这个方法在上面建筑起来。

但是要做成一个"智者",实在不是容易的事。依我的经验,必须先要"打通后壁",绝对不看见有自己一个身体。讲到这里,问题复杂了,我又要提起孔二先生做的工夫是"毋意,毋必。毋固,毋我":毋意是不臆度,臆度便是没有根据的悬想,"毋必"是不要从臆度的基础上去决定,"毋固"是不要更从此执住了,"毋我"是不要从意、必、固上建立了一个"小我",换句话说,是一团私意。我觉得在我们接触环境的时候,把握得住这八个字,就"可以无大过矣"。这也就是"格物"的方法。

我从这样地做工夫慢慢地觉得宋朝程颢说"学者须先识仁"的话,是从工夫上磨炼出来,是他自己的"心得"。他说"仁者与物同体",更说明了仁的真实体质。我更随时随地地体察,真觉得没有法子建立一个"小我",所以我就决定我的人生观和我的生活的趋向。我因此也了解了"仁者不忧",必须从"智者不惑"通过来,否则是不切实的,也是立脚不稳的。我又了解了孔二先生说的"四十而不惑,五十而知天命"和孟老先生说的"君子居易以俟命"。前面的是分析现象得到了真实的知识,工夫步步前进,那就会晓得环境是推移的,认识了环境的推移,那末,我们只有顺应环境,没法和他执拗。后面的是在这个"变动不居周流六虚"（这就是易字的说明）里随着环境的推移去顺应他。如果我们真正"如实"了解这个道理，我们决不会建立一个"小我"来，到了这个境界，谁还会打"小我"的算盘。所以说"仁者不忧"，因为忧都是为着有一个"小我"。

我觉得真把我们的身体放在"大众"里面作一个公共的东西看，我们只有替"大众"努力，便不见得有可忧的。《易经》里说，"圣人至万物而与天地同忧"，似乎也有这样的意思。到得这个地步，只需要一个勇了，这个勇必须通过"不惑""不忧"而来。他是认识了现实，同情了大众，发出的力量。他是不怕自己的任何危险，能够为了"大众"冲破一切困难，否则不是三德里面的勇，只是"好勇狠斗"的勇，结果，不但没有利益给"大众"，还害了"大众"，并且害了自己：所以"勇者不惧"搁在"仁者不忧"下面，正是他的程序合该这样。

这种勇，只有随时进步不会退步的，因为他譬如从泉里出来的水，永远不会枯竭的。他不是从情感上一时冲动发出来的，他是从客观的真理上自然流露出来，所以他随着加深的修养而进步，这是我自己体验而相信的。

上面说的这些，像是迂阔的理论，而且有人以为有些人一下便认识了现实，同情了"大众"，还有勇气来和环境奋斗，何必说得这样的高深样子。是的，的确有许多像"立地成佛"的，但是，事实上给我们看到"有始无终"的比较"立地成佛"的来得太多。我们不能不注意到这个问题：我曾经说过五四运动的精神就是智、仁、勇，三个字包括了他。因为他的口号是科学和民主，这是深深地认识了中国的需要，除此以外没有别的法门。他是为了挽救中国全部民族就鼓励了无我的勇气和恶势力奋斗，在当时如果有人问他，你们为什么不想想和你们自己的利害关系怎样？会被他们嗤笑、怒骂、忿恨。或且和你奋斗，好像犯了精神病一样。其实还是他的智、仁、勇三德的表现。这些人成了集团，就反映出一个时代，也开创了一页历史。

但是如今距离五四运动不到三十年，当时的青年，大部分怕还存在着。但是只有少数还继续地发扬"五四"的精神，大部分除了已"无声无息"的以外，有些还入了反动集团，开了倒车。这是什么缘故？我以为只由一个"小我"作祟，这个小我的来源，还是智的修养不够。"小我"占据了他的生命，什么三德，都远远离开他了，他就成不是现世的人，或者反做现世的仇敌。

这样说来有了根基是不够的，还得渐渐地在上面建筑起来，这就需要修养了。

我对现在的青年，没有什么贡献。就写一点点，我还愿意和他们互相勉励。

（原载于《文汇报》1947 年 3 月 5 日）

我对新民主主义青年团的希望

今天是全国进步的青年大规模地、有组织地、团结一致，在毛泽东的旗帜下，携手并进的日子。"五四"是一个划时代的日子，很朴素地掀起了反帝反封建运动。今年"四一一"召开了新民主主义青年团第一次全国代表大会，也是一个划时代的日子，是新民主主义的新青年大团结的标识。现在我们比"五四"时代有更有利的条件，有更明确的任务，有更重大的责任。我们有最进步的无产阶级政党的领导，有中国人民的领袖毛主席的领导；"五四"时代的青年没有这份福气。我们团结一致与全国人民站在一起，是为了彻底打垮蒋宋孔陈四大家族的卖国反动集团，与苏联的以及全世界的进步青年站在一起，是为了彻底粉碎美帝国主义的侵略势力；五四运动没有这么明确的、具体的目标。我们要完成五四运动所没完成的任务，要共同努力建设新民主主义的新中国，建设新民主主义的新社会，这个责任是比"五四"时代的青年所负的责任要重大得多。新民主主义青年不但承继了五四运动的光荣传统，而且更进一步地把它发扬光大起来。

有些认识不清的青年，尤其是受了国民党的欺骗教育、吃过亏的青年，怀疑地等待着，以为三民主义青年团固然不好，但也不必参加新民主主义青年团。或者有人会问：这两个青年团有什么不同呢？新民主主义青年团与三青团的不同就是革命与反革命的不同；是反帝反封建反官僚资本与反民主反人民的不同；是建设新中国的爱国青年与破坏祖国出卖祖国的特务青年的不同。新民主主义青年团是跟着中国人民的领袖毛泽东一同前进；三民主义青年团是跟着人民公敌第一号战犯蒋介石一同没落。这两个青年团是敌对的，正像光明与黑暗敌对，正义与罪恶敌对，爱国与卖国敌对，爱护青年与屠杀青年敌对。这两个团体没有一点共同的地方，没有一点可以妥协的地方。

国民党把许多纯洁的青年制造成堕落的特务，共产党要把所有的青年培养成建设新中国的革命的人才。新民主主义青年团的团员们！你们是青年中的进步分子，可是自己进步了还不够，还得帮助落后的青年一同进步。绝大多数的青年是爱国的、有热忱的、要求进步的；就是被国民党诱拐，因而思想反动、作风不正的特务青年，绝大多数是可以改造的，可以争取的。共产党有这个决心，你们要把这个信心实现出来。你们要把堕落的青年从腐化的生活中救出来，教育他们重新恢复纯洁的本性，变成革命的青年，这是救人的工作，是革命的人道主义。我知道新民主主义青年团是不容易参加的：思想要进步，学习要认真，作风要正派，立场要坚定，肯献身于革命事业，肯为人民服务，要经过民主鉴定，得到上级的批准——真是一件不容易的事。青年团的团员们！你们能够参加团，是个极大的光荣；你们自己要宝贝这个光荣，发挥这个光荣。祝你们学习毛主席的思想与作风，在他的旗帜下胜利地前进。解放全中国需要你们，建设新中国更需要你们，与全中国青年联合起来，与全世界民主的青年联合起来，共同努力，建设人民的新世界。我向你们致敬！

（原载于《中国青年》1949年第9期）

文字研究与改革

中国文字的构造略说①

一、文字的起源

中国今日所通用的文字，不知起于什么时候。据《荀子》里说："好书者众矣，而仓颉独传。"《世本》里说："沮诵仓颉作书。"后来许多书里都说文字是仓颉造的。仓颉是什么时候的人，宋衷说是"黄帝史官"，许慎也这样说，但是《世本》里却添上一个沮诵。据宋衷说，沮诵也是黄帝史官，大概只是根据古书里传说。如果依宋衷的话，那末究竟中国文字是仓颉一个人造的，还是沮诵和仓颉两个人造的？据《荀子》说"好书者众矣"，那末有两个人合造的可能，但亦不妨沮诵先造，仓颉改良。我依据声音的关系，疑心沮诵或者就是"祝融为火正"的祝融，《庄子》把祝融氏排在伏羲氏的前面，或者祝融是中国最早发明文字的人。我更疑心祝融是中国发明用火的人，也就是燧人氏，所以《庄子》里只有祝融氏没有燧人氏。因为被火烧过的东西上有痕迹，而

---

① 本文原题为《中国文字的构造略说(上)》，后面部分应未刊完，但亦未见于其他刊物。由于可体现马叙伦的文字研究思想，故选载已发表的部分，以飨读者。——编者注

且火烧过的木料变成了炭，还可以写书，那末这个时候就发明了图画是有可能的。不过沮诵所造的文字，是不是现在我们通用的文字，却是一个问题。

我们知道世界的原始文字，都是象形，实际就是图画。《左传》里说："太皞氏以龙纪，故为龙师而龙名。"太皞氏相传就是伏羲氏，据《庄子》的排列，伏羲氏在祝融氏的后面，如果这种排列是表示时代的先后，那末祝融氏发明了用火的技术，并且发明了图画，到了伏羲氏的时候，自然是会画龙了，所以伪孔安国《尚书·序》里有伏羲造书契的一说。但是伏羲造的是不是现在我们通用的文字，却仍是一个问题。

据闻宥《么些象形文之初步研究》里说："么些文字象动物者专象其首，如虎作 ⿰，豹作 ⿰，马作 ⿰，犬作 ⿰，龙作 ⿰，鼠作 ⿰，皆注意其特征所在，不复描状躯体，与汉字异撰。"我以为我们通用文字里的首字，也是象人头的特征，而说文里有虍字与字，就是虎头猪头，从古金器刻文里看来，也是象虎头猪头的特征；这一点似乎世界原始文字有同样趋向。但么些文里男女的分别，如女字在 ⿰ 的头上加一个 ⿰ 或 ⿰ 形，妻字写做 ⿰，母字写做 ⿰，也是在 大 的头上加一个特征。这些特征是帽子？或是面幕？或是椎髻？不可定。不过和他们写鬼字做 ⿰，写叟字做 ⿰，写兵字做 ⿰，写客字做 ⿰，写说字做 ⿰，写侄甥字做 ⿰，写穷人做 ⿰，闻宥以为都如汉字里的所谓指事，对的。这些字里面如 ⿰ 字 ⿰ 字底下部分，明明就是我们古金器文里走字写做 ⿰ 的上面部分。⿰ 原本就是走字，象人走路的时候，左右两手前扬后抑的样子。客和侄甥都是外族，所以都从这个字而再加特征来表明他的身份。再如 ⿰ 字，我以为和我们的现在通用文字里兑字的构造一样，兑字原本就是说字，他从 ⿰，就是人字，上面部分的 ⿰，和平常篆文写做 ⿰ 里面的 ⿰，只字下面部分的 ⿰，余字尒字下面部分的 ⿰，兮字上面部分的 ⿰，都是气字的变相。他这个 ⿰ 字，里面的 ⿰，也是人字，不过象人说话的时候举手的姿态。

而 〰 和 彐 或 彐 不过繁简的分别。么些文里官字写做 🔣，表商量意思的字写做 🔣，这两个字里面的 🔣，当是坐字，🔣 字是从两个 🔣 字，而把 乂 来指他们商量的意思，也是和我们所谓指事字的构造相同。

么些文里还有家字写做 🔣，他上面部分的 冂 和我们的文字里的广字 冂 字和害字上面部分的 🔣、舍字上面部分的 🔣 都相同的（害舍实是一字），就是屋字。冂 的里面有一男一女正是会"男女居"室为家的意思。么些文的骑字，写做 🔣，会一个人骑在一个动物身上的意思，这和我们所谓会意字的构造也相同的。

还有他们的见字写做 🔣，大概拿 从 表眼光的放射，🔣 是象征眼光所注到的。我们文字里有觊字，我拿 🔣、眮、聑、㳀、屾、艸 等字做例子，证明觊就是见字。我以为见字原本写做 🔣，觊字原本写做 🔣，传写错误做见觊。么些文里鬥字写做 🔣、和我们的鬥字，龟甲文里写做 🔣 的，没有两样。

我举这些例子，就疑心到么些文或者是中国文字的前身。最奇怪的是么些和庖牺、伏羲声音上绝对相同。么庖伏三个字在古代都是双唇音，些字在《楚辞》里开始被用，这个字从他的构造来说，该是从二此声，是形声字，不过二不是数目的二字，也不是地字的原始字，实在是气字的变相，所以他的意思是语词。《楚辞》里的些字，在《诗经》里却用兮字。而羲字呢，从兮义声，是兮的转注字（兮音匣纽，义音疑纽，都是舌根音），些字从此字得声的，此字却从匕字得声，匕、羲两个字的收声都在脂类，集韵"些，桑何切"。他的发音在心纽，羲字的发音在晓纽，都是次清摩擦音，以戴震同位位同的字都可通的学说来说，那末些羲也是转注字（转注字是因时间空间不同的关系而产生的，详说在后）。据这样的关系来说，或者么些就是伏羲的译音不同。么些或者是中国的古民族，后来被摈逐到南方，而他的文化却广被到中国全部。

但是把么些文字和现在我们通用的文字来仔细比较，自然是不无差别，大概经过几次改良，而仓颉便是一个改良工作有名的人，所以历史里只有"诸葛大名垂宇宙"了。

还有一件事，合该说说的。文字发明以前，大概须经过一个图语时期，我们中国历史里不容易觅得这样的痕迹，但是终究被我们发见了。就是金器文里有许多前人所不能解释的东西，如图和图和图和图和图，还有更繁复的，如右图所示一类的东西，我们虽不能个个都给他解释明白，但是我们可以确定他是图语，而且我们还证明现在我们所用的文字里有许多还有古代图语的痕迹。例如羡字是羞字的错误，羞字原本写做图，析字是下图所示的变相，这是明白可靠的。尚有如类字是图字走了样，而又省写的。我从这些字来推究，知道现在我们通用的文字，的确也从图语经过来的。我们看了有图语的金器，大都是商代的

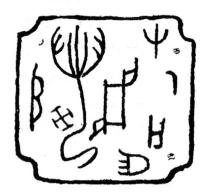

作品，那末图语在商代还通行着（其实现在商品店的广告里也保存着图语），而同时的龟甲文里却已尽有现在我们所通用的文字。我因此疑心仓颉所造的还是图语，就从许慎《说文解字·自序》里说的"仓颉之初作书，盖依类象形，故谓之文。其后形声相益，故谓之字"也可以证明。那末现在我们

通用的文字，又经过一个修正补充的时期，而不能说都是仓颉造的了。

二、文字的构造法

世界原始文字几无不起于象形，《说文解字·自序》里说："象形

者，画成其物，随体诘诎。"那末凡是可以画得来的东西，都依着他的样子画了出来，只此一种构造方法。但是现在我们通用的文字的构造，却不如此简单，因为我们指出刃、甘、办，这些字来看，可以知道不是单就象形可以说明的，而况梅、兰、波、岳、鸡、狗、特、驴等字更已超出象形范围，至于老、考，儋、何，同一意义为什么必须两字，东、南、西、北为什么用做指方位的名称，古、今又怎样用做指时间的名称，男、女两个字形里并无性别的表见，那末可见现在我们所通用的文字，已绝对不是简单地象形文字一句话可了。

《周礼》是不是周朝的书？我们且不问他。但是西汉末年的人已经替作注解，《周礼》里发见了六书一个名词，郑众说：六书是象形、处事、会意、谐声、转注、假借。《汉书·艺文志》说是象形、象事、象意、象声、转注、假借。许慎却定做象形、指事、会意、形声、转注、假借。大概是本来并无这些名目，由于研究的人们，用分析、统计的方法，归纳出这六种分类来，所以郑众、班固、许慎虽则都承认这个原则，对于分类的名目，各人不妨自己重定。比较起来，许慎不愧是"后来居上"。

我从全部《说文解字》里把"九千三百五十三文"每一个都过细研究来，才敢确认中国现在通用的文字，有这样六种分类，也就是他们构成的方法。不过如清以前的许多文字学者那种确守六书而对于每一分类漫无疆理，随意出入的态度却不敢附和。现在把六书依次说明在后方。

象形　最简单的一个规则是"画成其物，随体诘诎"，因为凡是有形的东西，没有一样不是由点线面联合起来，不过诎直不同。例如⊙☽𠃌𧉆𤋳见了就可认识他们是日月虫鱼。不过在篆文，会失了他们的原状，如帽子的帽字，原始象形文合该写做⊟，却会变成冃字，原始的行字原本写做�(十字街形)，是象十字街，却会写做行。这种例子，举不胜举，所

以会变成这样的原因，也不只是一个，至少因为有时草率了事，所以 ⚹ 会变做 ✿，◻ 会变做 ⊟。还有因为由图语进步变为有规律的记录，书写要有行欵，便迁就起来，所以后一变为八分书，再变为真书，会得奉春同头，无（無）黑同脚，以致象形的字大家也对他不能认识了。还有一种因为图画有工笔和写意两派，道道地地画出一样东西来，是工笔派的画，草草率率"具体而微"，是写意画。大概古代也有嫌工笔的象形文太笨了，所以改良改良，以趋便利。例如龟甲文里的 ⅄ 字，古金器里的 ⅄ 字或 Ϋ 字，和实物比较，真是具体而微了。至于鸟、佳本是一字，篆文会写成两样，也怕是这样的道理。而 ♯（是枡字从他得声的井，不是井臼的井，这字么些文里完全一样）、仓本是一物，♯、仓两篆却大不同，这是储谷的器具形状各地不同的原故。还有 ⇗ 和 ✕ 也是一字，而 ✕ 是象正面形，⇗ 是象侧面形，这是容易了解的，简单地说，象形文字总是名词，只要知道他是什么，容易识别的。

象形是纯粹象某样东西的形状，如人字或可加上一个尾巴，因为上古时候的人原是有尾巴的，但不可加上一角，假使加上一角，必定不是人字，而另外有一种意义了。所以象形文最简单不过，但是从郑樵到朱骏声、张度、王菜都说什么象形兼指事啦，象形兼会意啦，象形兼谐声啦，简直把画成其物，随体诘诎八字滑过，或者有意抹杀了，说自己的瞎话。

（原载于《科学画报》1946 年第 12 卷第 7 期）

从中国文字上看社会和
邦国家族的意义

　　首先要说明的，中国文字是象形文字体系里的一种：中国的象形文字有纯象形和指事、会意三种形式，指事、会意实际是图语的意味。

　　纯象形都是具体的物名，自然极易认识，所以，许慎《说文解字》里说他是"画成其物，随体诘诎"。举个例子，像 犬 、 象 （这相传是小篆，在甲骨文里便更活像犬、马两个动物了）便是。

　　指事，在许慎的说明，是"视而可识，察而见意"。就是说有一部分看了就认识，他却还有一部分，必须考察一下子，才可以了解他的意思。例如甘字，他是原始的含字，本来画只张开的口，里边放了一样什么？因为，口里可以含糖，也可以含水，还可以含各式各样的东西，所以这在口里加上一 ●，或一画，代表了他们；口是具体的象形字，● 或一是抽象地表示一样东西，所以可以说，凡是指事字，拿他分析起来，是一部分成字的和一部分不成字的联合成功的。再举一个例子，便更可明白了。像刃字，他的意义是刀开了口。（这是晓得炼钢以后，在刀口上加了钢，可是还用铁封着，到要用的时候，把他磨去，就叫开口。）但是刀是个象形字（原来画做 ），刀上开了口没有，没法表示的，刃

是在刀口上加了一 ●，指明 ● 的地方就是刀锋。刀开了口和口里含了东西，都是在口和刀上发生了事情，所以这种形式的字，便叫指事。

会意呢，他的构造方式，许慎说："比类合谊，以见指㧑。"比如并排的并本字（竝字照金文上是写做 𠓜 的，他是比较的比本字；现在这两个字却互相借用成习惯了），类是具体的事物的种类，把同的或不同的一类一类的东西排比起来，合成一个意义，便叫"比类合谊"。凡是会意字里面"比类"的字，都是纯象形字。举几个例子，像盥字的意义是洗手，把他分析起来：有两只手，一只盆子，盆子里面装着水，两只手正在水里。看他把三个不同类的东西，排比起来，成一个盥字，就告诉我们，这是洗手了。像丞字甲骨文里写做 𢀇，他的意义是把人从一个坑里救起来。把他分析起来：有两只手，一个人，一个像坑的∪。一个人落在坑里，另一个人的两只手去救他起来，这样排比成了一个丞字（拯是他的"后起"字，因为丞字用做官名了），就告诉我们一件救人的事情。所以，会意的字，完全是图语。至于"以见指㧑"这句话，是说明各类的字比方是士兵，我们把他排比起来，造成一个一个的字，就像指挥士兵去作战，所以同是两只手，在盥字里和在丞字里意思是不同了。

这样地说明了中国象形文字里的三种形式，就可以容易了解中国古代社会和国家的名称是怎样来的了。

社会是日本的"课名"，在中国文字上，实在只消一个 𣏟 字就够了。不过这个 𣏟 字，在一般的字书上已不见了，仅仅在甲骨文保存着。甲骨文有"贞 𣏟 五牛""贞 𣏟 十牛"；胡肇椿说他是原始社字，从木，从土。他据《韩非子·外储说》："君亦见夫为社者乎？树木而涂之，鼠穿其间，掘穴托其中，熏之则恐毁木，灌之则恐涂阤"，以为"可见社之为制，即以土涂于木"。我以为原始的社，他的意义是民众会集交易的地方，拿树木做标记，树木不止一棵，拣了一棵拿土涂上，叫大家晓得这里就是会集交易的地方。（甲骨文有█字，这是商朝已用货币交易的证明。）我们从甲骨文和金文里的确可以证明泥土的土字，原来只写做 ∴ 或 ╱╲，所以█字确是从木从土（其实土字在甲骨文里写做 △，是堆的原始字），和韩非的说话相符。做社的树不得剪伐，所以这种树特别大，《庄子·人间世》："匠石之齐，见栎社树，其大蔽数千牛。"（千字或是因牛字误多，或是十字的错误。）《说苑·奉使》："楚使问齐大社。"《淮南子·说林》："侮人之鬼者，过社而摇其枝。"这都是树木做社的证明。

社会学上有境界林的名称，我们在河北常常见到，一个村坊，四周总是围着树木，这便是境界林的遗迹；村坊的开始，就是社会组织的开始，四周围着树木，该是防护的意义，这和国家的关系很密切。

我们晓得畜牧时代，人民"逐水草而居"。没有固定的住宅，农业时代，"民有定居"。我们看到甲骨文上有█（囿）、█（疆）、█（男）、█（农）、辰这些字，可以确定商代的社会已经进入农业阶段，那末，公社制度，也该发达了。再看甲骨文上已有玉字贝字，又可以晓得商代的经济上已使用货币；再看有█字，更显得有携带货币去做买卖的行为；再看还有女字，女是奴的原始字，再看甲骨文上还没有妻字发见，却有姜字、█（仆）字。（金器上只有一个█的，大概是商器，他是图语；表示这个人的主人是头上戴了一个钵子，手里捧了一坛子酒，酒坛上面还放一个斟酒的杓子，脚边还有一只畚箕，这个人的身份是奴隶。）那末，商代还是个奴隶生产的社会，私有财产制度自然也有了。（古代且匕便是男女配偶的名称，妻姜本是转注字，还是先有姜字，才转注做妻的，甲骨文上只有姜字，疑是奴隶的女性，生的儿子做了帝王的缘故。）

这样，就可以谈到国家了。国家两个字的原始字只写做口亚，口、亚两个字《说文解字》上都有，可是他的原始意义都失了，《商君书》

里"民弱□强""有道之□"的口字，分明是国字的意义（甲骨文里"贞**圝**口"和别的"**圌**"相连的是一样意思，那末口也是国字）。亚字在金文有三种写法，一是**圝**，二是**✛**，三是**圝**，第三种是最具体的，像现在北方一所四合院子。我们从文字构造上来看国的形成，是保护私有财产。因为口固然是国的原始字，可也是公私的私的本字（私是禾的转注字从口得声音的，所以现在都借他做公私的私了），因为公私的私，在象形文字的构造方法上不能造出一个字来的，只有"假借"的一法。口也本是墙垣的垣的原始字，墙垣是为保护自己的生命财产的，明明就含着一个私的意义，所以就借他做公私的私了。我们看园圃一类的字，都是从口得义的，大概都为生产物私有的关系。（甲骨文里囿字和《史籀篇》里的囿字都写做**圝**，那末，是从田不从口了，田字固然是象形的，但是，他必须在地上筑成城堪，还是为耕种的艺术关系，还是为私有的界限，我没有研究过。）

口既然是国的原始字，古书里往往邦国连起来用，也有写做封域的。原来邦是封的转注字，《周礼·大司徒》注里说："封，起土界也。"《封人》注里说："聚土曰封。"但"聚土曰封"不是封的原始意义，召伯敦封字写做**圝**，散氏盘写做**圝**，甲骨文上写做**圝**，那末，在土上种树叫做封，这就是造境界林。所以封建的名词，就这样成立的。在土地的周围，造起土的城墙，或是造成境界林，都是保护私有财产的意义（当然境界林比较前一点）。

后来，因为境界林和城墙都还不够完成保护的任务，就须再有办法。那末，有什么办法呢？我看了甲骨文上国字写做**圝**或**圝**，可以晓得那时不但造城墙来保护财产，而且还用人拿了武器去防备着（《说文》里有葡字，我从《淮南子》里证明葡是城的转注字，他从用得义，用是墉的原始字；那末，城墙是防备人家来劲夺的）；不过**圝**字里拿戈来代表人负着戈的意思。其实像央字，或写做夵，在甲骨文里写做**圝**，或写做**ΨΨ**、**ΨΨ**；央是一个人在门里守着（《尔雅·释地》："邑外谓之郊，郊外谓之野，野外谓之林，林外谓之门。"林就是境界林，林外便和别国交界了），他却有人没有武器，**ΨΨ**、**ΨΨ**是人负了戈，却没有城墙，这些或省这部分，或省那部分的，在那时大家都一看就明了他的意义，没有关系的。**ΨΨ**字后来写得和方字一样了，所以四经诗里说方，书经里说万方就是说四国或万国。

在**ΨΨ**字和**ΨΨ**字里都有戈字，现在研究古代社会的，都说发现了铁，才进入国家时代，《禹贡》里虽有铁字，可是他的本身是有问题的。那末，甲骨是商代的产物，既有戈字，还有**ΨΨ**（斤）字，和藉字里面的**ΨΨ**（耒）字，这些东西，都是斫伐和发掘的"利器"，这些东西，都是铜造的？却有国字了。现在发见的甲骨，固然都是商朝后半时期的东西，但是文字是不是那时才发明，或者**ΨΨ**、**ΨΨ**、**ΨΨ**、**ΨΨ**等字在那时才创造的？这却更待实物的证明了。**ΨΨ**字如果画起来，是南北两对的两所屋子，东西相对的两所屋子，这样的建筑，当然代表着当时的家庭组织。商朝的家庭组织，现在很少根据来谈，不过商朝的老祖宗契，是做过尧舜时代的司徒的，《尚书·尧典》里说："帝曰：'契，百姓不亲，五思（品）不逊，汝作司徒，敬敷五教。'"郑玄注："五思（品），父母兄弟子也。"郑玄怎样晓得五思（品）是父母兄弟子？因为他据下文"敬敷五教"。而《左传·文公十八年》说："布五教于四方，父义，母慈，兄友，弟恭，子孝。"那末，商朝的家庭是个包括父母兄弟子的小家庭制度，我根据《孟子》里两次说到"八口之家"，证明他说的也是小家庭制度。"八口之家"是父母两口，本身夫妇两口，儿女四口。《左传》说的兄弟，不是本身的兄弟而是指他的儿女这一辈；照这样的组织，是不是需要住一所四合院子，假使像现在北方的四合院子，每一部分不是三间或是五间，那末，太阔气了吧。在亚字的形状上看来，或者每一部分只是一间，《礼记》里说的"世室"，后来的考据家没有一定的论断；

俞樾《群经平议》里画了一张"世室"图，正和亚字一样，日本人高田忠周也说亚字像"世室"。那末，连父母子女和供奉祖先庖厨共占一所简单的四合院子，并不算阔了。这样又明白了古代家庭的组织。

《说文》里说："族，矢锋也。"其实"矢锋"是镞字，我据明公尊族字写做🐾，以为这就是亚形立旂鼎文里的🐾，师酉敦里写做🐾，毛公鼎里写做🐾，甲骨文里写做🐾、🐾，都是一个人拿着旗子，并不是"从矢"，古书里夫和矢两个字常常有弄错的就是这样的缘故；至于人和大，大和夫，本是一字；师遽敦写做🐾，那是拿手来代表人罢了。族字现在的意义，不过是同姓的人聚在一处，这果然是氏族社会的遗迹。但是，据《左传》有赐族的故事，我们看《左传》里记的，各国都有许多大族，大概不是原来是贵族，就是有功而赐的；金器上有一幅图语是这样的，他的里边的🐾，是族字的坏了，他的里边的🐾是仆字，🐾是与字，两个人的手捧了一只盘，🐾是弓字，🐾是足字，🐾是人名，除了足字不可解，此外表示这

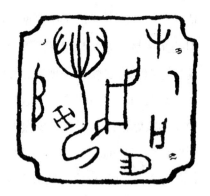

分人家是个因功起家的贵族曾经"赐臣"（金文有赐臣几人），臣是俘虏来做仆的。据端方得的在陕西宝鸡县出土的斯禁里面装满壶罍尊罍杓等东西，斯禁就是盘。这里面有两个人举的盘，可证他是个贵族。这样说来，古代的族不单是同姓的人聚在一处，他有一个组织，而且有一个特别的标帜，像晋国赵氏有灵姑鈰的旗。

（原载于《大学》月刊 1947 年第 6 卷第 1 期）

中小学教师应当注意中国文字的研究

在"汉字"未被取消行用的时候，我们对于本国文字，有彻底明了他的构造的必要。尤其为普及教育起见，中小学教师必须明了"汉字"的构造，才能在教授儿童识字上增加他们的兴趣，使他们更容易认识，且使他们运用于写作，不会犯意义不合的错误。例如"容易"两个字，平常都对"艰难"说的。但是一般人晓得"容"字普通有两个解释：一是容貌，一是容纳。其实容貌的字是"颂"，容只有容纳的意义。许慎《说文解字》里说："容，盛也。"桂馥说："盛当为戒。"对的，《说文》里说："戒，屋所容受也。"（其实许慎只作容也，"屋所容受也"当是吕忱或庾俨默、杨承庆的注解。）戒容古音都在定纽（戒音禅纽，容音喻纽四等，古读都归定纽），是转注字。这两字的构造都是"形声"。他们的意义从⋂来的。⋂、穴是一个字：古代人住在地洞里，地洞可以容纳人的，所以容有容纳的意义。而他们的声音是和用字城字同一语根。（用是比庸先造的象形文，庸是比墉先造的形声字，也是用的转注字。）或者戒竟是城的别体，容是用的转注字。（我有证明。）至于容作容易用，是因为容易两个字发音都在喻纽四等，这是所谓"联系语"。但是易是蜥易（动物的名称），更没有容易的意义。原来"容易"是形容词，形容词往往"无地起楼台"的，所以往往只把同音的字借来用。我们如果晓得文字的构造，不是识字比较要容易得多吗？（南方人说晓得，北方人说知道，扬雄《方言》里说："晓，知也。"可见古代方言已如此。但"晓"是借字，"晓"字的发音在晓纽，"知"字从口得义，从矢得声，矢字的发音在审纽，审晓两组发音方法都是次清而摩擦的，所以会互相通转。"得"字的发音在端纽，"道"字的发音在定纽，都是舌尖前音，所以也通转了。但是这两个都是因声音关系的借用，他们的本字是哪一个，先要决定"晓得"的意思是否属于接受方面说的。假使是的，那末字该作"尋"，而"道"字自然是借用了。我们怎样晓得字当作"尋"呢？因为"得"是"德"的转注字，他的意义是"登也"。我再附带举这一例，以便研究者的领悟。）

不可讳言的，今日中小学教师百分之九十以上对于本国文字之意义，只依字典来说说。而字典"陈陈相因"，他的祖本上不曾说得妥当，那就"谬种流传"，"不知何底"。现在各种字典里有一部分字，都根据《说文》里的解说，其实现在的《说文》不是许慎的原本，我已有充分的证明。《说文》每个字下的说解往往不是这字的本义。例如"嘉"字，《说文》里说："嘉，美也。从壴，加声。"我检查《尔雅·释诂》里说："嘉，善也。"又说："嘉，美也。"《诗经·东山篇》说"其新孔嘉"，这"嘉"字自然作"美"字讲。但是"从壴，加声"，没有美和善的意义，因为壴是鼓的先造字，《说文》里说："佳，善也。"《淮南子·说林》篇说："佳人不同体。"高诱注里说："佳，美也。"《诗经》和《礼记》和古金器文（后简称金文）上每说"嘉宾"，就是唐、宋人所说的"佳宾"，那末美和善意义的字该作佳。古书用"嘉"字，因两个字的发音都在见纽，借嘉作佳。现在的人读《诗经》等书，也只依《说文》和高诱的说，以为"嘉"是美善的意义，却不晓得"嘉"字本无美和善的意义。不但如此，现在读"嘉"字作古牙切，因为《说文》里说："加声。"其实"嘉"字也并不从加得声，且字也不从加。齐黎氏钟上的"嘉"字作䒶，这字里面的𠂇，就是《说文》里的𠬞。（《说文》里说："𠬞，古文为𠂇。"这古文并非比篆文来得更古的文字，是《史记》《汉书》里所谓古文经的古文。古文对今文说，今文是指汉朝通用的字样，古文是六国以前写书的字样。）𠂇就是"友"字。（金文里多作𦫳，朋友字是《说文》里的𦐇。）"为"字和"友"字的发音都在喻纽三等，所以随时或地而转作两音。"嘉"字从𠂇，表示两手有工作。他的声音实得于"喜"字。"喜"字的发音在溪纽。（喜字从壴，从口得声，是壴的转注字。壴即鼓字，鼓字的发音在见纽，见溪两纽都是舌根破裂音，所以通转。壴音今在知纽，知见两纽都是清破裂音，所以通转。但哪个是古音，还待考证。）而"嘉"字实是"尌"字的两样写法。"尌"字从又（金文都这样写），但少一只手，从壴得声也和从喜得声一样，尌的音转作嘉，正和壴的音转作鼓一样。《仪礼·士冠礼》里说"嘉荐令芳"，如把"嘉"作美解，便不可通，因为令芳是美和香的意思。若把"嘉"字作持字解，或竟借作持字用，尌、持都是舌面前音，正和庤、厨是转注字一样，那末便不会"不词"了。《左传·定公十年》里说："嘉乐不野合。"杜预注说："嘉乐，钟磬也。"我们以为古代钟鼓都有虡架起来的，所以有一定的位子，不便"野合"。嘉乐是说竖在那里的钟鼓，也可证明嘉和尌是一个字。再看《石鼓文》里说"嘉樹（树）则里"，古代路的两旁用树来分道里，更可证明嘉和尌同字。自《说文》把"嘉"归入壴部，而解作"从壴，加声"，又把"佳"字的意义来说"嘉"字，失了"嘉"字的本义，后人便不识"嘉"字了。这类在《说文》里还很多呢。

假使小学教科书有这样一句话："这件事办妥了。"我想这六个字里，有五个字小学教师会讲解不出的，就是"这"字、"件"字、"事

"字、"妥"字、"了"字五个。那末，不识字的教不识字的怎样会行呢？我说他们会讲解不出，因为不是只照字典上说说就行，须晓得这些字怎样会有通俗所用的意义，怎样会有通俗所读的声音。如果这样问他们，可以断定他们回答不出；不但他们回答不出，就把孙诒让、章炳麟两位先生从地下请起来，也回答不出。这是什么原故呢？因为在这些字的形体上不能求得通俗所用的意义和通俗所读的声音。我试把这些字来个说明，证明不是我瞎冤人们。

《说文》里有古文"诞"字写作"遑"，很和這（这）字相像。但"遑"字是"诞"字的缩写，并非"這"字。"這"字是《说文》里没有的。顾野王《玉篇》收了，他训作"迎也"。陆词等《切韵》里音"鱼变切"。那末"這"字是从辵，言声。他和迎字发音都在疑纽，当是迎字的转注字。毛晃说："凡称此个为者个，俗多用這字。"现在俗语里用"這"字正合毛晃的说话。那末，宋、元以来读"這"字已不是鱼变切，而和"者"字音同。"者"字的发音在照纽三等，而"辵"字《唐韵》音丑略切，发音在彻纽，都是舌面前音，《说文》辵字下引《公羊传·宣公六年》说："辵阶而走。"现在《公羊传》里作"躇阶而走"，"躇"字从者得声，可证辵者古音同的。那末，宋、元以来称者个作這个，是不是误读"這"字为从言辵声，或者本是两个字，一个从辵、言声，一个从言、辵声。如果這个、這件的"這"字是从言辵声，倒在形、声、义三方面上都通得过的。（言和音是一个字，"這"为指定事物的发声，从言得义是很妥当的。）

"件"字呢，《唐韵》音"其輦切"。这个字见《说文》牛字的说解里面，而正篆里没有件字。现在《说文》里说："牛，大牲也。牛，件也。件，事理也。"《本草纲目》引作"牛，件也。牛属大牲，可以件分事理也。"这些"件"字怎样讲法？严可均说："件当为侔。《集韵》十八尤、《韵会》十一尤皆云'侔或作件'，知件即侔之隶省，大徐误读其夆切。"我们拿"说文"里"日，实也""月，阙也""叛，半也""疌，疾也""儒，柔也"这些例子来看，可以晓得严可均的话是对的，而且只有"牛，伴也"三个字是许慎的手笔，"牛为大牲可以件分事理也"十一字是后人加的。（这种例子很多，或出吕忱，或出庾俨默，或出杨承庆，大概还可以证明。）"伴"字"从人，牟声"。照古书用"伴"字意义来说，当是伴侣的"伴"字。拿"伴"字解释"牛"字，当然是所谓"以声训"。因为"伴"字从牟得声。牟是牛声，凡动物的名称，他们能够发音的，都依他们叫的声音给他们作名字。"牟"字从牛，厶声（厶是肱的原始字），古书里说五音里的宫声"如牛鸣窌中"。那末，古代牛字的发音，不在疑纽而在明纽，《史记·律书》里说："牛者，冒也。"可证。许慎拿"伴"字解释"牛"字，和拿"牟"字解释"牛"字一样，所以不作"牛，牟也"而作"牛，伴也"，因为怕读者误把"牛"字作牛声讲。这样说来，"件"字确系"伴"字的缩写。但在俗语里"件"字——"伴"字算是什么词性，是什么意义，都不能得着确据。戴侗《六书故》里说："件，物别也。又件，条件；俗号物数曰若干件。"我们从"伴"字里实不见得有"物别"和"条件""若干件"的意义。古人文里有叫一个作一枚的，这是根据《玉篇》里说："枚，个也。"枚和伴发音都在明纽，那末，若干件当作若干枚。但是"枚"字的本义只是木的一条，《诗经》里说"施于条枚"，又说："伐其条枚。"刘熙《释名》里说"竹曰个，木曰枚"，都是说从一根上分开来的意思。那末，枚和分有语根的关系，而"物别"和"条件""若干件"，倒都含着分的意义。徐铉《说文新附》里说："件，分也。""伴"是伴侣的"伴"字，他的语根，或者也和"分"字有关系。"分"字"从刀，八声"，八字的发音在帮纽，帮纽和明纽都是双唇破裂音。那末，"这件事"——"这伴事"就是"这分事"，现在俗语里有说"这门"的，怕也就是"这分"。

　　"事"字太普通了，但是一般人只晓得这是事体、事情的"事"，为什么有这样的意义，也莫名其妙了。其实"事"是"史"的转注字，从史，之声，或止声。"史"，原来就是写字的写，也是书的原始字。（一本书的书该作册字）因为史是把我们做的事情，用笔记在金、石、竹、木等的工具上面，所以就把"史"字假借做事体事情的"事"字。后来把"史"字用作官名，又用作书名，才把他的转注字——"事"字来作事体、事情的专名。我们在《诗经》和金文里，却看不见他们有这样严格的区别。

　　"妥"字也是《说文》没有的。《广韵》音他果切，其实"妥"是"挼"的原始字，从爪，女声。凡妥帖、妥当都是借作"安"字的。《诗经·楚茨》篇说"以妥以侑"，如拿挼字来说，就不通了。但"妥"字从爪，爪是聚手指拿东西，金文里作 🖐，从手，像聚指头拿东西的样子（爪牙的爪该作 🖐），在六书里称作指事。爪是撮的先造字，没有妥帖、妥当的意义。因为"妥"和"安"都是从女得声，所以可借"妥"作"安"，俗语里"妥"字明明是"安"的意义。

　　"了"字《说文》解作"🖐也"。🖐是现在杭县话"弔脚痧"的"弔"本字。在篆文"🖐"字里没有"🖐"的意义。龟甲文（以下都简称甲文）里有一"🖐"字，也写作"🖐"。那末，🖐和🖐像是一字。🖐本是象胎儿的样子，所以他的变相还可以写作"🖐"。（这是辰巳的巳，和子丑的子是一个字，子女的子应该是儿字，在甲文里很明白。）但拿"🖐"字的形和音来说，我以为是甲文里"🖐"字缩写，实在是男子生殖器的象形文，俗语里自只借用他的音来做语助。

　　我这样地说明，可以见得不是我瞎冤人家。其实严格说来，就是近来全国里研究语文学的，也往往不尽能够认识本国文字。这不是我敢发"狂言"，可以拿他们的著作来证明。大概"谈言微中"，各人都有，如果合形、声、义三个条件来解释一个字，便容易露出破绽。所以往往甲、乙、丙、丁四个人说来，可以"大相径庭"。

我现在举一位最近研究我国语文学的人来代表他们，作个例子。陈独秀先生作的《实庵字说》，是用科学的方法来研究我国文字的，但是我觉得他研究的结果不正确的太多了。

例如他说："《说文》：'汃，西极之水。从水，八声。'实即从八得义。今怀宁、桐城语，谓相差极远曰'差到八国里去了'，犹存《尔雅》西极汃国之义。今《尔雅》作邠国，邠八只阳入之别，分为八之兹乳字。西极汃国或即今之帕米尔高原，亚洲诸大水皆自此分流，故名之曰'汃'。公刘馆邠，乃志远祖西来之义。字或作豳，其音犹承于汃、邠，其形义则谓其地山林初启，野猪众多也。豳之从豩，犹燹之从豩，家之从豕：燹谓纵火焚林与豕斗，家谓人占豕穴。（《说文》燹训火，《广韵》引《字统》云：'野火也。'徐铉云：'豩又呼关切。'按呼关切在删韵，当为燹之初音，正象纵野火以逐豕之呼喊声。）"

陈先生说"汃国"是"今之帕米尔高原，亚洲诸大水皆自此分流，故名之曰汃"。如果对的，那末汃字"从水，八声"。从中国文字的构造上说，是个"形声"字，他的声音为什么要从八得来，这是语根的关系（凡是形声字，他的声音都有语根的关系），因为八是臂膀的臂的象形字，可以从埃及文里证明的，臂膀在人身上是两面分开的，所以分字也从刀，八声。那末，汃字从八得声，的确可以说因为"亚洲诸大水皆自此分流"的原故。

但是"公刘馆邠"的"邠"，虽则是个地方的名字，他的声音从分得来，是不是"志远祖西来之义"和汃有关，没法证明，不过自有可能。至于"豳"字，我敢断定他和"汃""邠"两个字真是"风马牛不相及"。因为"汃""邠""豳"，实在各是一个字。"汃"是"西极之水"的名字，"邠"是周朝祖先住的地方的名字，《孟子》里说"太王居邠"，《庄子》里也称太王作邠王。可是《诗经》的"豳风"是说邠国的事，却把"邠"字写作"豳"，《说文》里也把"邠""豳"混作一字（不是许慎原本这样的）。其实古书里常常有借用声音相同的字的例子，这不要证明的，因为一翻古书，这例子太普通了。

"豳"字的形式上，根本就没有水和地方的关系。所以他的意义上，也绝对没有水和地方的关系。陈先生说："其形义则谓其地山林初启野猪众多也。"这是绝对没有根据的。大概陈先生错认"豳"字里 ⱳ 是山水的"山"字。其实"豳"和"燹"是一个字。在金甲文里，"火"字往往写作 ⱳ，所以楷书燹字便写作豳了。"豳"字既不从山水的山字，那末，和林木更没有关系了。野猪确是不大在都市里发见的，豳字既无山林的关系，也和野猪不容易发生关系了。何况"豕"字，《说文》里说："二豕也。"也不见得是野猪。我拿鱻字、蚰字、雔字、狀字作例子，证明他仍就只是豕字（见我写的《说文解字六书疏证》里）。不过《说文》里"豩"字音伯贫切，又呼关切。《玉篇》里音火类切，和"豕"字的声音距离得多了。我们晓得"豕"字的发音在审纽，"豩"字如果读呼关切或火类切，他的发音都在晓纽，审晓两纽都是摩擦次清音，依戴震"位同""同位"通转的说法，和现在人说凡是发音方法发音部位相同的也都可以通转的，那末，可以断定燹是从火，豩声，他是火的转注字。所以《说文》说："燹，火也。"不过《说文》"燹"字音稣典切，他的发音转到心纽，心纽也是摩擦次清音。至于《说文》里"豩"字还有伯贫切一个声音，他的发音转到帮纽，差得又远了。但是《集韵》里"燹"有敷文切一个声音，他的发音在敷纽，敷纽也是摩擦次清音。我们晓得非纽的声音，在古人说是古代读入帮纽，现在的人说非纽也是摩擦次清音，那末，由审晓转到非敷，由非转到帮，就不算奇怪了。这样也就晓得"豳"字会转到非纽读府巾切，而借作"邠"字的原故了。

既然确定了"豳"和"燹"是一个字，"燹"是形声字，他是

"火"的转注字，"火"自己是没有声音的，他的语根，我疑心和"风"有关系的。因为火遇到风，就有这样一个声音了。"风"字的发音正在非纽，所以会转到晓纽作呼果切的声音，所以也会转到心纽作苏典切的声音。况且《广韵》"火"入果韵，古音应该在歌类，"豵"字音呼关切，古音应该在元类，依孔广森、严可均说，歌元是对转的，那末，更可决定"齤"是"火"的转注字，是形声字。如果说他是从火豕会意，那末直是烧猪，也不见有纵火焚林与豕斗的意思，如果傅会一下，倒有一个"闄"字。

至于"家"字和"圂"字不同。"家"字"从宀，豭省声"，其实豭是豕的转注字，家从豕也可得声，但断不是"人占豕穴"。古书里说，蛮夷的风俗，有豕牢在中间，人围着他住的，但没有人就和猪住在一个牢里的，至多"家"字的语根可能和"豕"字的语根有关系。

《实庵字说》："《大雅·生民》：'于豆于登。'《传》云：'木曰豆，瓦曰登。'《尔雅》亦云：'木豆谓之豆，瓦豆谓之登。'登，《说文》作豋，甲文作𦥯、𦥫、𦥮、𦥰，皆像两手捧豆形，非从肉。"

我晓得罗振玉也说，甲文里的𦥯是"瓦豆谓之登"的登，但是𦥰字从𦥑捧豆，应该是个动词，就不会是"于豆于登"的登了。我以为𦥯就是《说文》里"古文登"，字作豋，里面的豋字，他是从两手而从豆得声（恐怕就是杭州话兜水的兜本字），甲文里借他作"瓦器谓之登"的"登"字，《诗经》里却借登高的"登"作"瓦器谓之登"的"登"，至于《说文》拿"礼器也"解说豋字，分明是错误的（本来不是许慎的原文）。豋自该从肉豋声，怕是脰的"异文"。

那末，"瓦器谓之登"应该是个什么字？我以为《说文》里的"蕫"字是他的"本字"。《说文》拿"蠹也"解说"蕫"字，这虽则也不是许慎的原文，但是却可证明古代住在海边的，发明了用蠹壳作盛东西的家火。"蕫"字从豆，蒸省声，实在是"豆"字的转注字。"豆"字的发音在定纽，蒸字从丞字得声，"丞"字的发音在禅纽，古代读禅纽的声音都和定纽一样。木瓦不过制造用的质料不同，他们同一样子，作用也是一样。

《实庵字说》："虞鼓皆乐器，彭为鼓声，岂为还师振之乐，其字皆不从食器之豆，岂豈一字，鼓之初文也。○象鼓形，上下为虞，虞亦鼓也（陶器当后起之义），上以虍易中者，《说文》所谓'钟鼓之柎，饰为猛兽也'。加戈为戲，谓击鼓执戈以舞，即乐舞。故后世用为嬉戲、戲剧字。戲剧字从虍者，兼有画虎之假面舞蹈义。鼓象手执木击鼓，彭之从彡，左旁象鼓，右旁象鼓声彭彭彭也。"

陈先生不晓得虞是什么东西，所以说："陶器当后起之义。"其实"虞"和"甒"是一字，《说文》："甒，土鍪。"土鍪正是"陶器"。鍪不是兜鍪而是釜，但豆、釜不是一样东西，土鍪的名字不该从豆，虞应该是豆不是釜，"甒"字的发音在匣纽，甒从丞得声，丞字的发音在禅纽，禅匣两纽都是摩擦次浊音，那末他们是转注字。不过虞音转入晓纽，晓匣两纽的字都是舌根摩擦音；可是古代或古代的某地读晓纽的声音归入影纽，盥字的发音正在影纽，那末虞也是盥的转注字，盥就是现在的椀，也就是古代的豆。

如果依陈先生的话，"虞"字应该从豈了。虽则在金甲文里，"豈"字也有时写成🔲字的样子，但没有写成豆字的。那末，必须证明从豆是错误了。但是陈先生以为虞是"《说文》所谓'钟鼓之柎，饰为猛兽'也"。我查《说文》："虞，钟鼓之柎也，饰为猛兽，从虍，異象其下足。"但在"邵钟"里写作🔲，他的下面并不是異字。《考工记》："梓人为簨虡。天下之大兽五……蠃者、羽者、鳞者以为筍虡。"《礼记·明堂位》："夏后氏以龙虡。"《西京赋》薛综注："当筍下为两飞兽以背负。"《尚书·舜典》："百兽率舞。"马融以为虞饰。这些自可以替《说文》作说明，但是并不限定是猛兽，且是老虎。"钟鼓之柎"是搁钟鼓的架子，本来可以象他的样子来造字，他的"初文"，应该就是🐛。后来变作篆文，样子和异字相像了，恐怕人家认错了，加上一个虍字作他的声音，便变作形声字，也成了🐛的转注字（这样的例子很多）。怎样晓得"虍"是声音的关系呢？只要看《说文》"虡"字后面有个"鐻"字，"从金，豦声"就可明白了。这样说来，"虡"字就不是"乐器"。

陈先生说："壴是鼓之初文，○象鼓形，上下为虡。"对的。但是壴豈不是一字。壴是"乐器"的名字，豈是"还师振旅之乐"的名字，在《说文》里是两个不同样子不同意义的字。不过陈先生的说法，有可以同意的理由：因为"乐"字和"壴"字原本是一个字，《说文》里也把他们写成不同的样子，说成不同的意义，我却证明了他们是一个字。古代作乐先打鼓（我有证明的），所以就把"乐"字作礼乐的乐字用，这是假借的方法。豈是"还师振旅之乐"，在打仗得到胜利，大家开开心心地一路上打着得胜鼓回去，所以也就叫这回事作"凯旋"。（凯是幾的后造字。）起初也只把"壴"字作凯旋了的"凯"字，"郘公望钟"里的🥁字，就是证明。后来开心两个字正式造出来了，只在"壴"字一边加上一个心字写作"恺"，又由"恺"字造出一个转注字，就是"忻"（忻和欣是一个字）。再造出许多转注字如"懽"（和"歡"是一个字）、"歆"等。不过后来的人看见古代的书上或东西上把"🥁"字写作"🥁"了，他就不识得了，他去从意义和声音上研究，以为"壴"字是从壴省散省声了，所以就和"壴"变成两字。

说到"戲"字，很费研究。《说文》："戲，三军之偏也。一曰：'兵也'。从戈、虍声。""三军之偏也"不是许慎的原文，而且三军之偏虽经段玉裁给他考证，也不确实。因为《左传》和《司马法》里的偏字，都是军法的名称，自对正而说，"戲"字从戈，不能发生偏的意义。朱骏声以为"戲"是"兵器"，"其器失传"，三军之偏是借"戲"字作"麾"字。我疑心"偏"字是"旗"字的错误，所以《广雅·释诂》："戲，施也。"但是"戲"字从戈，也不能发生旗的意义。朱骏声说借作麾字是对的，"戲""麾"两个字的发音都在晓纽。"静敦"里"左右戲"，吴大澂说当即左右军，我以为就是左右麾。

那末"一曰：兵也"倒保存了他的本义。不过他是怎样一种"兵器"？古代的"兵器"，现在没有方法证明的还很多。例如《说文》里"我"字，他明明从戈，决不会发生"施身自谓也"的意义。我从非洲刚果人用的飞刀，看他的样子，很和甲文里我字写作𢦚，金文里写作𢦚的相近，疑心"我"是一种"兵器"，或者就是刚果人用的飞刀。

那末，也可以决定"戲"字是个形声字，不过他的语根是什么，还没法说明。如果依陈先生说，必得一个戴老虎面具的人拿了戈在那里舞，同时还要打鼓。固然，现在走江湖唱独人戏的，也有这样的可能，但是在"戲"字形式上没有拿了戈在那里舞同时还要打鼓的样子，而且虍还是老虎——是一个动物，不能决定他是"面具"。在中国文字构造法里的会意字，还是象形系统里的复杂些的字，不过有一个特殊规则，就是"比类合谊，以见指㧑"。而"比类合谊"，都是属于很显明的事象，如"盥"字、"步"字、"牢"字、"頪"字（"頪"字当依金文）就可证明。如果"戲"字是会意，就不合了这个规则。

况且戲剧的戲，他有"本字"，就是"嬉"字。"嬉"字在甲文里写作𡣙，从女，从豈。这字大概是会叫奴隶打鼓的意思，他的声音也得于"豈"字。我们晓得清朝那些"吹鼓手"是被剥夺了考试权的，就是拿奴隶看待他们的，这个应该是从古代传下来的制度，这样也证明了"嬉"字所以从女，因为女字本是奴字的"初文"。

我们再看"武"字，他是"舞"字的"初文"。他从止，止就是足，足就代表了一个人；从戈，戈是"兵器"。舞的来源，是打了胜仗开开心心地回来，一路上拿了兵器，还跳舞着，这是在《唐书》一篇外夷传里（记不清他的名称了）可以寻出证明的。所以甲文里"武"

字还有写作䒑的。我想最初的"舞"字，应该画一个人拿着戈在那里跳舞，后来简省了写作武。（甲文里有这样的字，不过我不敢必定他是武的"初文"，因为可能是伐字。）

这样，可以证明古代为这些事情造字，都用指事和会意的方法构造出来，而"戲"字就不是这个例子。

彭是鼓声，他的构造是"从壴，彡声"。罗振玉以为彡是表示打鼓的"节奏"，那就不是单纯鼓声的意义了。陈先生的说法和罗振玉同的，我以为错了。我们晓得如杭县人说起打鼓的声音都叫彭、彭、彭，是对的。彤和彭两个字都从彡得声，《尚书》里"高宗肜日"的"肜"，应该是"彭"字，"肜"是借用的。至于彡字，他的声音，不容易简单地说明。可是我可以简单地说，他和毛是一个字，所以"彭"字从他得声，他的发音会入并纽，"毛"字的收音古代在幽类，幽侵两类的声音是可以"对转"的，所以"彭"字入了侵类。甲文里"彤"和"彭"字里面的彡，或写作二，或写作彡，也有写作彡、彡、彡的，正因为是"毛"的象形文，画毛是不限定几根的。而且甲文里径有只把彡、彡来当"彭"字的，更无疑地证明了"彭"字是从彡得声。

《实庵字说》里因为《说文》弹字后有"重文"作弴，《说文》："弹或从弓持丸。"他说："弴字右旁之丸盖为彡，彡为弓，中画为弹丸。"他拿甲文里的彡和彡、《汗简》里的彡来证明不应又加弓字。他又说："弹象弹出之声，丸象圜转之形，均谓●也。施之于弓者字为彡，其数一，此单一字之来源；施之于绳索者为彡或彡，其数二，中为绳圈，下为柄，此蝉联字之来源也。《诗》：'其军三单。'《传》云：'三单，相袭也。'三谓众多，袭谓沓，谓绳弹之器杂沓相联也。或谓单与干盾为一字，按《方言》及赵注《孟子》，郑笺《诗·公刘》，郑注《周礼·夏官·司兵》，虽干盾互训，盖混言之。析言之则干盾同为捍卫之器，而有大小之别，小者曰干，中干曰伐（见《诗·小戎》《毛传》，即《说文》之戜），大者曰盾，其形制亦各殊。干之用在岐首以御戈戟，单之为物，与干盾益殊，未可以为同字。释鸟兽及古器之字，重在特征，叩为单之特征也。论古器者重在分别形制与用途，未可仅据字形字音之偶合以为断。况单与干盾之形音均不合也。"

我以为说"弹"字应该先决定他是名词还是动词。《说文》："弹，行丸也。从弓，单声。"那末是动词。不过"弹"是形声字，他的"初文"就是甲文里的𝟛和𝐁，他从弓，从弹丸的丸字的"本字"，也是垸字的"初文"作●的，正和射字本作⟪的一样，是会意字。𝐁字的声音，大概就得于垸，因地方或时间的关系，再造一个弹字，弹是𝐁的转注字，而弦也是他的转注字。他是从弓，丸声，并非丸是𝟛的错误。"丸"字篆文作⟪，实是从两个人字。本来画成两个人相推拥的样子，是现在俗话小儿玩耍的玩的"本字"。

至于"单"字，本是"车"字的异文，由象形的"车"字变成的，我有详细的证明（见《六书疏证》）。《诗经》里的"三单"，依《毛传》说，那末"单"是"连"字的"省文"，也可以说是借"单"作"连"，因为"连"字从单得声（"王母鬲"文里的连字可证）。"连"是"遱"的转注字，《说文》："遱，连遱也。""遱，遱遱也。"连遱正是相袭的意思。那末，"三单"是三辆车子成一组的意思。因为古代一个时期的战争，军队是拿车子作本位的，所以军字从车（军字从勹得声）。

"或谓单与干为一字"，这怕是指丁山先生的说法。丁先生的说法是错的。但是陈先生以为干是小盾，"其用在岐首以御戈戟"，这也觅不到证据。我可证明"戜"是"盾"的转注字，并没有中和大的分别。《诗经·毛传》说："伐，中干也。"陆德明《释文》："伐本或作戜，音同。"孔颖达《正义》："言辨其等，则盾有大小，襄十年《左传》：'狄虒弥建大车之轮，而蒙之以甲，以为橹。'橹是大盾，故以伐为中干，干伐皆盾之别名也。"孔颖达说"干伐皆盾之别名"是对的，别名，大概就由转注字的原故。不过如"伐"字又是"瞂"的借字，这是从他们的发音上可以了解的。惟有"干"字便费事了。《方言》："盾，自关而东或谓之瞂，或谓之干，关西谓之盾。"《广雅》："干，瞂，橹，盾也。"橹是橹的转注字，据《说文》："橹，大盾也。"那末，干也应该是大盾了。如果瞂又是中干，这样，还弄得清楚吗？其实据我眼见的清代武器里面有三种样子，一种正像"大车之轮"，一种不过像大号面盆，一种就是戏剧里常看见的长方式子，大上下小，大概起初不过一个样子，后来"各因其用"，变得不同了。（这三种样子，在金甲文里都有得看见。）至于弄成好几个名称都是因为方言的关系，在他的本质上是没有关系的。

"干"和"芊""芋"是一个字。"芊"字的发音在日组，古代的读法归入泥组的。"橹"字的发音在来纽，古代也读入泥纽。那末，"干"是橹的借用字，"橹"呢，也是"盾"的转注字。"盾"字的发音在床纽，古代却读入定纽，定纽和泥纽都是舌尖前音，这两纽声音的关通，我已觉得很多的证据。现在举一个例子，就是"男"字的发音在泥纽，而他却从田得声。（男，从力，田声。是胜的转注字。）

"盾，自关而东或谓之瞂，关西谓之盾。"那末，关东也有叫作盾的，不过"或谓之盾"，就证明瞂就是盾的别名，并非盾的不大不小的一种。《诗经·毛传》里为什么说作"中干"？我以为本来只作"中也"。甲文里"盾"字的初文有写作中🜚的，样子正和中字相同，是毛公拿盾字的"初文"来解释伐字，后来的人要想说明伐是干盾的干，不是中外的中，就在中字底下注了一个干字（古书注解往往就在正文底下居中直写，不过字小些），不想误成了"中干也"。（这种例子，古书里不少，如《曲礼》本来曲字写作🜚，就是"礼"的"初文"，后人恐人不认识他，注下一个"礼"字。）郑玄对于"中干也"没有加以说明，而他注《礼记·儒行篇》却说："干、橹，小楯、大楯也。"那末中干没有别的证据，可见原来没有这一说。至于郑玄拿小楯大楯来分别干橹，也不过依那个时候的一种分别说法；这种例子我另有说明。

《实庵字说》："無为旄舞字，武为兵舞字，音同而义微有别也。無为舞之初字，甲文作𣎵或𣎵。金文無字有𣎵、𣎵、𣎵、𣎵诸形，皆象人二手执旄以舞形，后加舛作舞。武字甲文亦从止从戈，金文亦多从戈，惟'戊辰彝'作𢦏，从戊，空首币有作𢦏者，古鉨有作𢦏者，皆似从干，兵舞或名干舞，或名武舞，持干、持戈、持盾皆兵也。《中山经》郭注：'干舞持盾，武舞也。'《乐记》：'干戚羽旄谓之乐。'郑注：'干，盾也。戚，斧也。武舞所执。'是武舞不必皆持戈，舞必运步合节，故武从止。"

我以为"無"字的篆文，"说文"里写做𣂷。许慎说："丰也。从林𣎵。或说规模字，从大，卅，数之积也。林者，木之多也。𣂷与庶同意。"（𣂷字各本都作卅，段玉裁改作𣂷。或说以下并非许慎原文。）其实𣂷是棥的转注字，木多的意义，艸多就叫作蕪了。他是从林，𣎵声，现在《说文》"𣎵"字底下掉了一个声字，或者被后人因为《说文》里没有"𣎵"字，不认识他，把他删除了。"𣎵"字从许多金文和美洲加里福尼亚土人的象形文字里表示没有意思的，写作一个人伸臂张开他的两手来证明他是有無的無本字，原本写作𣎵，后来写错了变成𣎵，也许他从的是夫字，夫字原是大的变相。他从大伸臂张开了两手，从他的构造来说，在六书里就叫指事。这字的来源，大概由于古代共产社会，要表示他没私藏什么东西，所以臂和足都伸开，两手也张开了。（现在小儿表示没有还是张开两手。）后来因为写得愈简单，就和大字不可分别，这字便被淘汰，反借"𣂷"字作"𣎵"字了。这样，断定了他和舞是没有关系的。

甲文里的𣎵、𣎵，王襄据《吕氏春秋》里执牛尾以舞的话，说他是舞字。陈先生或者是根据他的。但和𣂷不是一字，在字形上已可分辨出来。至于金文里無疆的"無"字，有许多样子，我曾经作过一次分析，发现他们有许多是混合 、 两个字作一个字的。这种例子在金文里并不奇怪，因为写金文的并非都是"登大雅之堂"的。不过也可以证明舞字的初文确不止一个，有文舞的 字，有武舞的武字。

"戊辰彝"的武字从戈，戈是斧铖的斧本字，仍是"兵器"，自然没有问题。至于空首币里写作，仍是从戈，金文里的戈字很多写作。古鉨文武字作，里面的戈字写得又变了一点。空首币文把戈字反过来写，又变了一点，所以成了，但绝对不是干字。一则币文和鉨文往往是那个时候的草书，不遵规矩的。二则干字是大字的倒过来，"干""屰"是一个字，"屰"是顺逆的"逆"本字，"大""人"也是一个字，人倒过来是不顺了。那末，干和兵器全没有关系。古书里干戈连在一块儿，都是借干字做盾字的。盾是抵抗人家打击来的兵器，所以武舞也有拿盾的。

陈先生说："卜辞伐十人伐三十人之伐，亦兵舞字。《诗·小戎》：'蒙伐有苑。'《毛传》：'蒙，讨羽也。伐，中干也。'《释文》：'蒙，本或作厖。'按伐即《说文》训盾之瞂，是伐乃执戈或盾以舞也。"

"中干"的意思，我在上面说过了，陈先生引的《释文》有点错误。《释文》："伐，如字，本或作厖。"但在《荀子·劝学篇》杨倞注里说："蒙当为蒦"。"蒦"字从首伐声，那末，蒙可以通伐，他们的发音都是出于唇的。但是伐既是瞂，蒙不得又是瞂。《毛传》解释蒙是"讨羽"，讨羽就是翳，"翳"字的收音在侯类，"蒙"字的收音在东类，东侯两类可以对转的。况且"蒙"字从豕得声的，"豕"字的收音也在侯类。那末，断定了"蒙"字的确是"翳"的借字。翳，古书也借用葆字的。古人说"首如蓬葆"，就是形容头发的披开而不梳挽的样子。这样，也可以说明了"翳"就是《尚书》"舞干羽于两阶"的羽舞，用鸟羽的叫作翳，用牦尾的叫作旄，这两种都是文舞。（《吕氏春秋》说的"执牛尾以舞"也是文舞。这个牛尾,是牦牛的尾巴。牦牛出在西南夷,那末,这种舞或者是从西南夷传来。我曾研究么些文字和中国文字的关系,我认为么些就是伏羲,最初有中国的是西南民族。)

"蒙伐有苑"是不是文武两种舞同时并用?据《毛传》说:"苑,文貌。"那末,只是文舞。如果只是文舞,那末,这个伐字也不是借作 㩉 的了。我以为这个伐字恐怕是武字的最具体的,本是画一个人拿了戈在那里舞的样子。原始文字,本来各有各的样子,变成篆文,就混和了。《诗经》的伐字,原本是武的原始文字,所以《毛传》说:"苑,文貌。"

陈先生说:"庶之本义为众人在屋下共火。"我以为"庶"字从广,㶁声,"㶁"是古文经传里写的"光"字。"光"是从火,羌省声;"㶁"是从火,羊声。"羊"字的发音在喻纽四等,所以"庶"字的发音入了审纽,都是摩擦次清音。"光"字的收音在阳类,"庶"字的收音转到鱼类,是鱼阳对转的关系。"庶"是"庤"的转注字,东汉派人到印度去取佛经,回来造一所屋子把他藏起来,叫作白马寺,"寺"就是"庤"的省文,或者是借用。"庤"是储藏东西的,所以"庶"字包含着有众多的意思了。

陈先生:"《说文》:'夭,屈也。矢,倾头也。'并从大象形,即象人舞时身首左右倾屈之形。甲文矢字或作 𡗜 或 𡗜,𡗜字或作 𡗜,石鼓文走字从 𡗜,皆象上下其左右手,舞态也。𡗜、𡗜 为人舞字,加竹为笑,竹为乐器,加口为吴,皆歌且舞也。吴为歌且舞,故娱乐字从之。"

我以为 𡗜、𡗜 是一个字,金甲文里这样的例子,不算一回事的。而且我还从声音上替他们说明了(见《六书疏证》)。甲文写作 𡗜,从大象头的倾屈,在构造法上是叫指事。甲文里还有一个 𡗜 字,而 𡗜 字从了他得声音的。𡗜 字后来换了一个仄字做声音,就是昃字。因此我们晓得身子倾斜是 𡗜,头的倾斜是 𡗜。那是形容头有病的样子,身子的倾斜,也是偶然的事体,都不是因为舞而造的。"夭矢为人舞",自古也没有证据。

"笑"字更不必说了。因为竹是植物，乐器也不一定用竹子造的，怎样可以在夭字上加个竹字便成为笑？而且表示了"歌且舞"？这由陈先生不晓得"笑"字实在就是"芺"字。汉人隶书竹艸不分，《急就篇》里许多从竹的字都写成"艹"，而"芺"字后来反写成"笑"。古书里却借"芺"作哭笑的"笑"字。其实原始文字，画一个人的面孔，表现着笑的样子。后来这个字因为变作篆文，和面字分辨不出，就失掉了，另外造一个形声字，从八夭声作"关"。"八"不是臂的原始字，而是"气"的异文，这个字保存在《汉书》里，不过亦错作"关"了。古书里还有一个"咲"字是"关"的后起字。因为不明白"八"是"气"的异文，所以又加上一个口。

"吴"字似乎从矢，口声。"口"字的发音在溪纽，所以会转到疑纽去。他们都是舌根音。如果这样说是对的，那末他是夭的转注字，但是我以为他简直是"关"字的错误。

说到"**夳**"和"**夳**"，都是"走"的原始字，从大，象走的时候左右两手一前一后的样子。写成篆文，变作一手向上一手向下了。这字的构造方法也是指事，后来因为也容易和别字相混，就在**夳**的下面加上一个止字。

我这样地把陈先生说的几个字作例子来指出他的错误，并非要"显己之长，扬人之短"。因为研究学术既要客观，尤其要有范畴来把握住，使研究的结果不会得出岔子。我是把《说文》里九千三百多个文字，一个一个都经过一番研究，才信得他们的构造不是随便的。原来中国文字就是图画，除了假借、形声、转注三个部门以外的字，可以说简直是一幅一幅的图画。假使画一个头部倾斜的人，上面安一枝竹子，会变成"歌且舞"而为笑的意思，恐怕太于事理不合吧。

（原载于《国文月刊》1947 年第 51 期）

中小学教师应当注意
中国文字的研究（续）

　　近来还有一辈外国人喜欢研究中国文字，如卫勃司忒的"世界史"里就举出几个字来发表他的意见，高本汉也常常说些中国字的构造方法，大概和陈先生是"伯仲之间"。现在上海有两位研究中国文字的外国人，一个是杰勃森，一个是罗逸民。杰勃森的程度太差了，我且不提。罗逸民用比较语言学的方法来研究中国文字，我自然是绝对赞同的。不过他太忽略了中国文字的构造法，所以研究的结果也大部分不正确的。我把他在震旦大学一次的演讲来批评一下。

　　我在批评他的前头，先说几句话。我曾经和罗逸民几度谈到研究中国文字的方法，他告诉我他用的方法，也是分析综合等的一套。我告诉他，我用的方法完全和你同的，可是一讨论到每个字的实际，我们无法调和。他对于我提出的往往不过在声音部分有些质难，他不能从根本上提出问题来。我对于他研究每一个字，先注意到他的语根，极端同意的，但是一到形义方面，尤其字形方面，我简直没有一个字能够赞成他的说法。我觉得他这样讲中国文字，完全是中国的拆字先生样子，把中国文字弄成极端的神秘。换句话说，照他这样宣传，虽则他很赞美中国文字，我以为只有低减中国文字的价值。所以我后来当面和他说明，我们不能再共同研究了。你如果不放弃你这样的研究，结果是不能成功的。

我有一回举出几个字来，请他发表意见。例如一个"弃"字，他回答我是我正研究不出这类的字是怎样的。其实我是研究成功了的。我的研究成功，还是依据了我用的方法，和守住了中国文字构造的规则——六书。

他对于转注字根本不了解，因此他的语根研究，在某一部分字上就会失败。例如他曾向我举出"包"字和"饱"字的语根关系，对的，但是他不晓得"餲"字是"饱"的转注字（"餲"字"说文"没有的，却不妨是"饱"的转注字），他要向"畚"字上去寻他的语根，就不免"郢书燕说"了。所以我敢断定他的研究，除了供给对于中国文字没有深切研究的人们看，自然觉得他说得"头头是道"，正像拆字先生向乡下老说出许多道理一样，如果碰到真懂得中国文字的，他必定碰壁。

他有几篇发表过的大作，一时不在我的手边，现在且把他上年十月廿五日在中国科学社讲的作他的代表，略为批评。

他说："瞳人的瞳从童得声。但童的意思乃童男童女，……瞳字在英文的代表乃 pupil，这个本字为拉丁字。其在拉丁文意思就是童男童女。"我以为瞳字的语根和童男童女有关系，这是不可否认的。世界的语言是一元或二元或多元，现在还没有结论，不过有许多很有可能是一原的。例如瞳字，拉丁文和中国文都是由童男童女来的。不过如这一类只是由于你看我眼睛更有个很小的你，我看你眼睛里有个很小的我，所以就叫眼睛里能看的东西作瞳。可是说到音的方面，英文 pupil 的发音是 P，在中国是属于帮纽的，中国童字的发音在端纽，帮端都是清破裂音，那末，或者拉丁和中国古代对于这个语根是同的。

但是中国的童字，却不是童男童女的意义。说文里有个僮字（未冠之称），才是童男童女的本字。说到童字，他是从辛，重省声，辛是犯罪的意义，所以童是犯罪的人而叫他服劳役的。他是仆的转注字，仆字的发音在并纽，童字的发音在定纽，他们都是浊破裂音。那末，并没有童幼的意义。

但是《管子》里有"童子执烛"的话，《庄子》里有牧马童子，《礼记》记曾参要死的时候，童子告诉他，你睡的是大夫的席子吧，他的意思要给曾参换一换席子。欧洲人叫"侍者"，和小孩一样称呼。那末，童子和仆似乎有密切关系，或者仆的儿子叫作童，在古代奴隶也是"世袭"的，就有这个可能。

另一方面，小儿叫作童子，我以为他的语根和草的芽子叫作"萌"是一个。《易经·蒙卦》拿"蒙"字借作"萌"，自然由于他们发音的关系。《蒙卦》里"童蒙"两个字连起来用，也是声音的关系。"蒙"字从豕得声，"豕"字的发音在知纽，古读归入端纽，"童"字从童得声，发音转入端纽，这样就说明了他们的关系。"萌"字的转注字作芽（同是边音），杭州叫小儿作小牙儿，牙字的发音在疑纽，"御"字的发音也在疑纽，"御"在古代是子弟和奴隶的职务，那末也可作一个参考。

假使僮——童子和仆没有关系，"瞳"字就和"童"字没有关系，只是由小儿——童子的关系，所以叫眼睛作瞳。假使有关系的，眼睛的叫瞳恐怕总在叫仆作童以前。那末，这个问题又得费研究了。

罗逸民先生在他这次演讲里，又提到"胡人"和胡子的奥妙关系。他举出拉丁话"barba"（胡子）和英文"barbarian"（胡人），证明胡人本来是有胡子的、不讲修饰的人。罗逸民先生另有详细说"髯""胡"的关系，现在他的大作不在我手边，我不能详细说了。不过我可以说明"胡"字。《说文》："胡，牛颔也。"其实"胡"字不是专替牛颔造的，"颔""胡"是转注字（还有一个转注字作"颌"），他们的发音都是在匣纽。"颔""胡"杭州人叫作"下罢"（《说文》自有"頑"字），"下罢"为什么叫他作"胡"，这个语根，我还没有研究出来。不过有一点参考资料。北方人叫高起来作鼓起来，《说文》"鼓"字有个"重文"作"鼖"，实在是从鼓，古声，是鼓的转注字。"胡"字也从古得声，那末，或者因为"下罢"是在嘴下鼓出来的原故。但是他的语根是高字了。"古"是路的转注字，没有高的意思，不过因为"高""古"两个字的发音都在见纽，所以就用"古"字作"胡"字发声的偏旁。这样的例子，在中国文字里太普遍了，我也不再举例。

至于胡人为什么叫做胡？是不是他的"下罢"有特征，还是因为他髯子多？应该在人种学上去解决。单就"髯"字来说，这字《说文》里没有的，却不必管他。依他的构造来说：应该从胡，彡声，他的意义是"下罢"上的毛。但是这字明明读"胡"字的声音，那末，不过是一个"毛"字的意义，没能表见他是"下罢"上的"毛"。如果说他是会意字，因为这是生在下罢上的毛，所以就从胡得声，那末，就有两个问题了。第一个是"下罢"上的毛，普通叫作髯子，实在应该叫作胡须，因为须字难写，他和子字都是舌尖前的破裂摩擦音，所以就写作胡子，后来造出一个髯字来，写成髯子，但普通话和书上都没有单用一个髯来称"下罢"上的毛的。第二个是照《说文》九千几百个字的统计，除了少数俗造的字外，没有用两个形声字来会意的，而"胡"和"彡"两个却都是形声字。

罗逸民先生说："蔥字从悤得声。悤的本意乃总（英文'toumite'）……'蔥'在英文的代表乃'onion'，而'onion'由于拉丁文的'unio'（英文'union'）与英文'union'（总合成统一）本为一字。如此观之，'蔥'字的意义与'总'字的意义一定有同源关系。"

我查《说文》："蔥，菜也。从艸，悤声。"这是很普通的一种植物，中国人日常吃的。他的语根如果由"总合统一"来的，理由在哪里？我以为植物名词的来源是很复杂的，例如桃、李，我想是由于姓姚和姓子（商朝的姓）的家里发见的原故。那末葱是为什么关系这样地叫他，我的揣想，中国葱的名词是因为他里面是空的，其实不妨造作"苤"字，不过造字的地方和时候他们叫空像恩，所以"葱"不作"苤"罢了。

至于"恩"字，《说文》在囱部（囱是窗的原始字），说解："多遽恩恩也。从心，囱声。"（这是据《韵会》引徐锴本）但是从心应该归到心部里去，现在囱部，是不是错误？其实"多遽恩恩也"就是"仓卒"的意思，这是"趡"字意义，从心不能发生这样的意义（除非附会）。"趡""囱"两个字发音同在清纽，所以汉后往往借"恩"作"趡"。我据"毛公鼎""赤市心黄"，就是《礼记》的"赤黻葱衡"，证明"恩"字从囱心声，是"囱"的转注字。"囱"字的发音在穿纽，古代叫窗像恩，"恩"字的发音在清纽，心字的发音在心纽，都是舌尖前带摩擦的声音，所以"恩"从心得声可以转入清纽。囱是从空放入日光的，他的语根一定和空同的。那末，"葱"从恩得声，我说他由于空的关系是有了根据。

罗逸民先生说："英文的问句代名词'what, when, where, why, who'所含'wh'，这个成分在拉丁文的代表乃'qu'这个语根，'qu'的原意乃'可能'的可。含'qu'这个语根'quire'（可能）这个拉丁动词为其例证。'可能'这个意思与问句代名词有什么关系？……假使我们讲中国语文学……则马上可以证明拉丁文问句代名词与拉丁文'quire'（可能）这个动词必然的同源关系。盖中文'何'字乃英文'wh'及拉丁文'qu'在中文的代表。英文的'wh-at'拉丁文的'qu-od'乃中文'何事'；英文的'wh-o'拉丁文的'qu-is'乃中文的'何人'；英文的'wh-ere'拉丁文的'ubi'（上古拉丁文'qu-bi'之变）乃中文的'何处'；英文的'wh-en'拉丁文的'qu-ando'乃中文之'何时'等等。而中文的'何'字，既然含有'可能'的'可'字，并且从'可'得声，他同拉丁文'Ju'这个代名词的语根完全一样，与'可能'这个意义必有很密切的关系。"

这个问题，看来很复杂，罗逸民先生说来很费力。其实"何"字从人，可声，他的意义是负担。《说文》里"何""佗"是转注字，现在绍兴人正叫"佗"（和骆驼的驼声音一样）。佗物事的人，因为吃力，常常会发出一种喊声，这个声音正和可字的声音差不多。那末"何"字的语根，或者就是佗物事时的喊声。

《说文》："可，肯也。从口，丂声。"（本作从口丂丂亦声，不是许慎原文。）这是可否的"可"意思，现在杭县上海答应人家作肯定的话，就说一个噢或好的声音，其实应该是"可"字。他的语根，也不必另外有一个来处，只是自然的声音。

但是"何"字得声于可，"可"字的声得于"丂"，至于"丂"字，他倒实在是"如何""何人""何事""何处"的何"本字"。这是我从"粤""宁"两个字都从"丂"研究出来的。（详见《六书疏证》）他是从乃，一声；他和"于"是一个字，于是从乃二声，一和二都不是数目的名词，而是"地"的"初文"。地字的发音在定纽，于字的发音转到喻纽三等（古读喻纽三等也归于定），喻纽三等和匣纽都是摩擦次浊音，所以"何"字发音转到匣纽，匣纽和溪纽都是舌根音，所以"丂"字转到溪纽。

这样说来，"何"字本身没有问句代名词的意义。

罗逸民先生说："英文'I'（我）这个向来未曾有人能够解释的外国语文学上的'秘密'，'I'字何以为我，这是语文学者不能不问的问题。

"英文'I'（我）字在拉丁文的代表是'ego'这个字，'ego'及英文'I'是同一来源，乃由于'eg'或'ag'这个语根。英文'egoism'（为我主义）亦含之。拉丁文'eg-ere'（饥饿、缺乏，英文

'ind-ig-ent'由此而变)，'ag-onia'（牺牲，英文'agong'由此，英文'ache'亦由同一样语根而变来的)，希腊文'ago'（权轻重、审议、思议)，'axios'（合于义理的)，'oxioo'（思合于义理的)，'axioma'（主义或仪，英文'axiom'由此)，'axiosis'（决议、议案)，'axia'（义理、公平、'价'值)，'axine'（斧头、戈）等等都是从'ag'或'eg'这一语根变来的。但是从'ag'或'eg'这个语根变来诸字的许多意义，如'饥饿、牺牲、审议、思义、义理、议决、仪、斧头'等意思，与英文'I'拉丁文'ego'（我）这个字的意思，有否甚么关系，及到底有甚么关系？……如果我们参考中国语文学，不但可以知道甚么关系，连有怎么样的关系这个问题也马上可以解决。盖中文'饿、義、議、儀、羲'诸字都是从'我'而从我得声，所以我是这些字的语根。而关于希腊文'axine'（斧头、戈，英文'axe'由此）这个字则更妙，盖我字从戈，而从戈得声，所以戈就是我字的语根。"

罗逸民先生在上段文章以下，还有一段解释他们有甚么关系的。由甲文的"我"字写作 𢨉，而牵涉到"对"字、"皋"字、"羊"字，由"羊"字的篆文写作𦍌，又从"𢆶"的部分，牵涉到"蘁"：拿我这样对于中国文字研究才有三十多年的人，实在不敢"妄参末议"。因为第一没有这样不顾一切来武断的勇气，第二这样地"囊括宇宙""包罗万象"的说法，使我"目迷五色"，无从着笔，而且不敢消耗纸笔，惹厌"读者"，所以只得从略。

我对于罗逸民先生的英文、拉丁文、希腊文的语根，不愿随便下个断语。我只据我研究中国文字里如罗逸民先生所举我、饿、義、議、儀、羲几个字说明一下。

"我"字，《说文》自成部首，可是放在戈部的后面，而解说是："施，身自谓也。或说：我顷，顿也。从戈，从手。手，或说：'古垂字'（徐锴本作手古文垂也)，一曰：'古杀字。'"说解取了这样怀疑的态度，在全部《说文》里也不多见的。依我研究所得的经验，断定他不是许慎的原文。至于以前研究"我"字的人，也有许多"别出心裁"的说法，可是都碰壁的。只有朱骏声说："兵也。其器失传。"虽则没有解决，总算少些病痛。我呢，对于这字，起初费过十几日研究，仍旧得不到正确的结论。后来看到林惠祥《文化人类学》上说非洲刚果人用的飞刀，他的样子和金甲文里我字作 残、吐、手 的很像，他的一部分正和中国的古代的戈一样，一部分和金文的刳甲文的刁也像，我至少可以说中国的我，恐怕也是这样一种兵器，的确"其器失传"。至于他的语根，拿我字的发音在疑纽，戈字的发音在见纽，都是舌根音而且他们的收音也都在歌类来看，是由于戈的。戈字的语根，或许由于发明戈的时候因为他可以保卫我的，所以就叫他作戈？（我作"身自谓也"，当然是借音。）

说到"義"字，《说文》说："己之威仪也。"也不是许慎原文，尤其不是他的"本义"。他是从我，羊声。他的"重文"作羛，照"散盘"的写法，实在从鱼不从弗。那末，或从鱼，羊声，或从羊，鱼声，依《墨子》里拿羛作义，而《易系传》拿"義"字和"刚"字作韵，那末可以决定他是从羊得声。"羊""芉"是一个字，"芉"字的发音在微纽，微疑两纽都是边音，那末"義"是"我"的转注字。

"議"字呢，《说文》："语也。从言，義声。"但是《韵会》引《说文》，"语也"底下还有"一曰：谋也。"《玉篇》也有"谋也"一个解释。查古书用"議"字的，都不是普通说话。《说文》里"谋""谟"是转注字，"谟，議，谋也。"（"議"下脱一个"也"字，这样例证很多。）那末，"議"是计划的意义，他和"详"是一个字。《说文》："详，审，議也"（"审"下也脱一个"也"字），和"谋""谟"都是转注字。"議"字的发音在疑纽，"谋""谟"两个字发音都在明纽，都是边音。

"儀"，《说文》："度也。从人，義声。"他就是"拟人必于其伦"的"拟"本字。《国语·楚语》："其智能上下比義。"比義就是比拟，"義"便是"儀"的省文。"儀"和"似"是转注字，"似"字从以得声，"以"字的发音在喻纽四等，"義"从羊得声，"羊"字的发音也是喻纽四等。

《说文》："羛，气也。从兮，義声。""气也"应该是"兮也"的错误。他是"兮"的同舌根摩擦音转注字。"兮"字从丂，气声。（详见《六书疏证》）

"餓"，《说文》："饥也。从食，我声。"他和"餧"是转注字。"餧"从委得声，"委"从女得声，"女"音古代读在泥纽，"餓"字的发音在疑纽，泥疑两纽都是边音。"委"音转入影纽，"餧"字的发音在影纽，"饥"字的发音在见纽，见影两纽都是破裂清音。所以"餧""餒"也是转注字，（北平说饑音正像餒）"餒""饥"也转注了。

这样说明了这几个字的形、声、义三部分。至于他们的语根是一个系统，还是各有一个系统，我还不敢妄作聪明，随便武断。

至于罗逸民先生的说法对不对，只有请教他和我以外的人吧。

我这样地批评了他们，应该可以给人们了解到中国文字的构造，有很明显的规则，不是可以像测字先生那样一笔一画，随意分析，指东画西，随意说法。换句话说，六书是中国文字构造方法的指示，他不是造文字的人预先的设计，而是后来研究文字的归纳的结果。我们如果依照这样明确的指示，去研究每一个字，就会得到正确的形、声、义。那就能真正认识了每一个字。我再举两个例子来说。

《说文》里"乌"字，篆文作𪓰，比"鸟"字的篆文少了一笔。《说文》："乌，孝鸟也。象形。"我们看了篆文并不能引起我们一个乌鸟的概念，因为𪓰和𪓰的分别，只在有眼睛没有，难道乌鸟是没有眼睛的？我们应该晓得象形文字是依照每一样东西画下来的，那末，乌鸟的特征，除了全身乌黑以外，和别的鸟很不容易分别的。在原始的乌字他不但画了一只乌鸟，还把他的毛羽都画得漆黑，一看就明白了他是乌鸟。等到变成篆文，只拿少一个眼睛来分别，不是太可笑吗？至于有人说，乌鸟全黑，所以看不见他的眼睛，这个，除了画成一只黑鸟，不能表示出来的。所以这是不正确的理由。而且我们晓得各种鸟的原始文字，一定都各像各的样子画出来，后来篆文里却变成形声字了。例如"鵁"字是从鸟矞声，"鷔"字是从鸟孜声，并不依照鵁和鷔的样子画出来了。这个，自然是象形文字进步的表征，由形系渐变到声系的原故。那末，乌鸟也不能例外。我看了"毛公鼎"里"乌"字写作𪅂，明明是从鸟，"效卣"的乌字写作𪅂，"寡子卣"里作𪅂，都和《说文》不同。从"毛公鼎"的"乌"字证明了他是从鸟𠤎声。"𠤎"是亡字，金文里亡字多半是这样写的，那末，很合理了。那末，《说文》的乌字和还有两个古文经传里写的乌字，都是原始乌字变成篆文，渐渐地失了他象形的目的了。金甲文里从鸟的字，往往写作隹。隹鸟是一个字，金文里的隹字，如"𦝢尊"写作𪅂，甲文写作𪅂，石鼓文写作𪅂，都象没有眼睛，那末，乌鸟不能分辨了，所以另造一个形声的鸴字。他是原始乌字的转注字。

　　再说一个"鸣"字。《说文》："鸟声也。从鸟，从口。"徐锴本子作"从鸟，口声。"我以为甲文里有画一只张口的鸡的，是鸣的原始字。甲文里也有一个鸟旁安一个𠙹字的，我以为这是原始鸣字的转注字。他从鸟𠙹声，𠙹却不是嘴巴，他是"囧"字的"异文"，就是向字里面的𠙹。甲文"明"字有写作𪄲的，《说文》里"明"字写作𪄲，就可证明了。囧是窗的原始字，象形的。古音明囧是一样的，明也是囧的"后起字"，这样，就明白了"鸣"字从鸟囧声，是形声字。

　　再说"鸟"字。《说文》："雕也。象形。"篆文作𪅂。我们看了篆文，也不懂他怎样象形。当然，原始鸟字一定是象形的，但是鸟字决定他不是象形。金文鸟字："吴尊"里写作 𪆵，"师晨鼎"写作 𪅂，"盂鼎"写作 𪆴，"师虎敦"写作 𪅃。我研究的结果，以为他是从隹，Ш声。Ш是"齿"的原始字的变相，"齿"字的发音在穿纽，因为同是破裂摩擦次清音的原故，转到清纽。所以现在鸟字读七雀切。他的转注字作"雎"，从隹，昔声。"昔"字的发音在心纽，心清两纽都是舌尖前带摩擦的。

再说"焉"字。《说文》："黄鸟也，出于江、淮，象形。"我们不懂"焉"字怎样象形。我研究的结果，他是从隹，正声。《仪礼·大射仪》郑玄注说："正亦鸟也，齐、鲁之间名题肩为正。"题肩是"焉"的俗名，俗名往往两个字，"雅名"把他急读了，就是"焉"。"正"字的发音在照纽，古代读入端纽。所以俗名题肩，雅名就从正得声。现在读有乾切，发音转入喻纽三等，喻纽三等在某一个时期的某一地方读入定纽的，端定两纽都是舌尖前的破裂音。或者由端纽转入定纽而到喻纽三等。

还有《说文》疒部一个"疕"字，"头疡也"。《说文》又说："疡，头创也。"疕既是头疡，疡又是头创，那末"疕""疡"应该同是一种瘼病，他们的语根应该是一个，在六书里也应该是转注字。但是"疕"字现在的发音在帮纽，"疡"字的发音在喻纽四等，收发两部分声音的距离都很远，不能通转，那就不能转注。可是我看"昆疕王钟"里"疕"字写作 𤕫，并非从匕而是从 𠂤。𠂤 是倒人，是倒睡在地上的人，就是"死"的原始字。"死"字的发音在心纽（𠂤 现在读同化字，发音转入晓纽，心晓都是摩擦次清音），心纽和喻纽四等，都是摩擦次清音，那末，通转的道理明白了，就可以证明疕疡是转注字了。

假使依照这样的方法来研究中国的文字，不但每一个字的形、声、义都可以确定，读古书，研究金甲文，都可以避免"穿凿附会之谈"，古史古物的真相，也更可以明确地认识。

　　清朝一代的学术，著名的是经学，尤其著名的是小学。其实只是能够由"训诂"去推求"经义"，发明许多事物的真相。我觉得他们固然有不少的成绩，但是也有很大的缺点。他们的缺点就是不了解文字构造的规则，就是对于六书，还没有充分的认识。他们对于六书没有充分的认识，我不能在这里作批评；我只举几个他们对于古书的训诂不能正确地认识，或者不能正确地说明的例子，就可以见到他们"症结"的所在。

　　例如一个"艾"字，本是一种普通植物的名称，但在古书里有许多用法，可和"艾"字本来的意义都没有关系。郑珍《巢经·巢文集》里有说到这问题的，他以为《国语》里的"国君好艾"，《战国策》里的"乃与幼艾"，是指着嬖臣魏牟及建信君说的，都是说"男色"。《左传》里"曷归我艾豭"的"艾"，应该解释作"老"，和《礼记》"五十曰艾"意义同的。至于《楚辞》的"拥幼艾"，那是指"女色"。《孟子》里的"知好色则慕少艾"，也说"女色"。他并且拿这来纠正他人说古人呼男色为艾的错误。他又说《尔雅·释诂》里"艾，历，觊，胥，相也"的"相"有"相视""相与""形相"三个意义，"艾"该是"形相"的意义，拿"形相"解"艾"字，正是少艾、幼艾的说法。他又据翟灏说："古训艾为白，而白含二义，以发苍白谓之老，以面皙白谓之美，同取于艾之色也。"其实翟灏的话，焦循已经驳过了。《国语》《国策》的"艾"字是借用作"嬖"字的。他们的收音都在脂类，《说文》里辟部有"嬖"字，从辟，乂声，实是"辟"的转注字，正可作一例证，因为"艾"也从乂得声。《左传》和《礼记》里的艾字，是借作"耆"字的，他们的收音同在脂类，耆是老的转注字，本来没有五十、六十、七十的分辨。《孟子》《楚辞》里的"艾"字，都是借作"美"或"媚"字的，他们不但收音也都同在脂类，而且"美""媚"的发音都在微纽，"艾"字的发音在疑纽，都是边音，所以可以借用。《尔雅》的"相"字，从"觊"字上看出来，只有"相视"的意义，"觊"和

"眽"是一个字，"眽"字的发音在明纽，古读微纽的声音归入明纽，那末借"艾"作"眽"，和借"艾"作"美"是一样的。

桂文灿对于上面举的这些"艾"字，他归纳作长老和少好两个意义，他以为《礼记》说："五十曰艾"大概是取艾色斑白的意思。艾是长老，也作少好讲。这是训诂有反覆、旁通，美恶不嫌同名，如"徂"作"存"，"治"作"乱"，"故"作"今"，是一样的例子。我以为相反相成的说法，现在的弄比较语言学的，也有这样的见解。这我还不敢相信。如桂文灿举的"徂"作"存"、"治"作"乱"、"故"作"今"的例子，分明还是声音关系的借用。"徂""存"的发音都在从纽，"故""今"的发音同在见纽，至于可以拿"乱"字作"治"字用的道理，因为"治"字从台得声。《说文》有个"辝"字，据我的研究，是"辛"的转注字，可在"齐镈""叶万至于辝孙子"，《子仲姜镈》"太仆是辝"两个辝字都可以作"嗣"字解，《书经》："舜让于德不嗣。"《史记·五帝本纪·集解》里引《今文尚书》作"不怡"，证明了辛、台、司三个字声音的可以通借。原来他们的发音都是摩擦次清音。（辛司的发音都在心纽，台字的发音在喻纽四等。）而治乱的"治"的本字是"辝"，"辝"字正从辛得声，他的转注字作"嗣"，从司得声。古书里的"有司"，就是有治，金文里"司徒""司空"，许多作"嗣土""嗣工"，都是明显的证明。还有《论语》"师挚之始""关雎之乱"的"始"字"乱"字，都该作"词"，也可以作个侧面的证明。

再举一个"御"字。刘宝楠《愈愚录》里说《诗经·思齐》："以御于家邦。"《六月》："以御诸友。"两个"御"字都该解释作"进"。但《毛传》在《六月》里训"进"，而《思齐》里却训"迎"，"为甚不辞"。我们先看"御"字本身有没有进的意义。在《说文》里，"御"和"驭"是一个正文一个"重文"，好像是一个字。但从金甲文里看出来，驾驭字作𢒉，他从的𗧑，是"坐"字的原始字，𗧒是"策"

字的原始字，坐在那里拿了一个鞭子，正和驭字从右手勒住了马一样。至于"御"字是从彳，卸声。卸是🐎的错误（甲文里午字都作🐎或🐎可证），这是"迎逆"的转注字，所以《六月》《毛传》训作"迎也"。"迎"是客来往前去接他的意义，所以有进的意思。

至于"以御于家邦"的"御"字，分明不能拿"迎"字解释他，但是训"进"，也实在不够。《庄子·则阳》："史鰌奉御而进。"如果这个"御"字也训作"进"，岂非奉进而进？也"甚不辞"了。照《庄子》的上下文看，也不能作"迎"字解。我查《史记》《汉书》里都用"进"作"賚"，但是"御"字和"賚""进"的声音隔得太远了，我疑"御"是借作"赍"的。"御"字的发音在疑纽，"赍"字的发音，古代归在泥纽，他们都是边音。"赍"和"賚"的意义是一样的。或者"御"字借作"贡"字，"贡"字的发音在见纽。见疑两纽同是舌根音，"贡"也是赍賚的意思。（造字的时候，只有因为时间空间的关系多了几个转注字，没有上给下叫赍、下给上叫贡的分辨。）那末，毛公因为拿"迎"字解他是不可通的，所以训作"进也"。这样的例子，古人说经传是很普通的，但是不过勉强通通而已。

拿赍或贡去解《思齐》和《则阳》里"御"字，都可通了，但是如《周礼》里的御史、女御、御仆，《礼记》里的御妻，这几个"御"字，只有御仆的御可以用"迎"字去解释，其余各"御"字拿"进"字"迎"字"赍"字去解释，就很难通。郑玄《周礼》女御注里说："'昏义'所谓'御妻'，御犹进也，侍也。"凡是说解里有个犹字，就表明他们不是直接这样的意思，所以"进也""侍也"都不是"御"字本有的意义。我查《周礼》世妇、女御，都没有固定的数目，而九嫔、世妇、女御的次序在内小臣、阍人、寺人、内竖的后面。我们晓得"嫔"和"傧"是一个字，"嫔"就是现在结婚时候陪伴新郎新娘的傧相，他的原始字是"毛公鼎"里的🔤字，（不是《说文》里的配字）是

"匹配"的"配"本字，也是"陪臣"的"陪"本字，也是"仆"字的异文，也是"婄"的原始字。（"婄"和"侑"是一个字）说到"仆"字，大概人们都晓得他的意义，拿金甲文来看，他是管洒扫饮食的人。"妇"字，《说文》里说："从女持帚。"金文里多说"帚女"，从前的人解释作妇，但是实在是扫奴，那末，也是"仆"的异文。（这些，我都有考证。）"女御"在《礼记》里作"御妻"，"妻""妾"原来是转注字，他们都从女，女是奴的原始字，现在的人都晓得妾是卑贱的，所谓"侍巾栉"的，在古代是"罪人执事者"，从"妻""妾"分作贵贱两等，因此竟有把"御妻"也当作皇帝的太太了。其实在《周礼》和《礼记》里这些嫔啦、妇啦、妻啦、女啦，都是办事体的。

拿《周礼》九嫔和世妇所办的事来看，他们是高等些，嫔"掌妇学之法以教九御"，"九御"是指"世妇"直到"缝人"，古书里世大两个字因为声音的关系互相借用，例如"世子"就是"大子"，"大室"就是"世室"。那末，"世妇"就是"大妇"。《周礼》世妇"掌祭礼宾客丧纪帅女宫而濯溉"，可见他下面还有被属于他的。那末，他也是"九御"里面的比较高等的。（郑玄糊涂，引《昏义》来解释九嫔，他说"世妇不言数者，天子不苟于色，有妇德者充之，无则阙"，于世字竟不懂解释。）

"女御""掌御叙于王之燕寝"，明明是现在收拾房间的用人。"叙"字在甲文里作𫐐，从又，舍省声。他是卷舒的"舒"本字。他含有次弟（第）的意思，"御叙于王之燕寝"，是说轮流到王的卧室里办事。但是他是名目叫"女御"，或者叫"御妻"，那末"御"字就借作"叙"，他们的收音都在鱼类，那末御史的"御"也是轮值的意思。

这样地从文字构造的三方面都给他妥当的确的认识，去解释古书，也不至于穿凿附会了。清朝的人对于这些都往往含糊过去，因此有关于古代社会的许多事物，都不能发见他的真相。

我再举几个例子，来说明白文字的构造，读古书既然会像走进榛棘里面，就是对"方言"也会像听外国话。例如"周官"六卿的名称，只有天官冢宰难解。贾公彦引郑"目录"说："冢，大也。"那末，为什么不和大司徒、大宗伯、大司马、大司寇一样，称作大宰？况且大宰这个名称《左传》和《论语》《庄子》里都有的。天官也有大宰，郑玄在大宰底下说："变冢言大，进退异名也。百官总专则谓之冢，列职于王则称大。冢，大之上也。山顶曰冢。"这证明了郑玄并不明了冢宰称冢的意思，所以说得游移。拿"山顶曰冢"说："冢，大之上也。"那末，山顶何以称冢？冢到底是什么意义？郑玄原本也不明了。后来汉学家都是这么一套，所以我说他们有很大的缺点。

我们应该晓得"宰"和"宦"都是由"仆"字的原始字变的（我有详细的证明）。官的来源，由于记账，记账是为生活资料的收入，这样演变到形成国家政治上的官职。《周礼》其他五官最初也不过是仆役，一群的仆人，有一个统率他们的，就是冢宰。《论语》里说："高宗谅阴三年，以听于冢宰。"冢宰的地位，是现在英国的首相、法国的总理。因为这样，冢宰是六官的长官，所以他称"冢宰"。"冢"字从冃，豕声（冃是帽的初文）。他是冃的发音同在明纽的转注字，也是最字的收音同在侯类的转注字。《史记·周勃传》里说"勃功为最"，就是说周勃的功劳顶高，如同说"功冠诸将"了。刘歆给扬雄书："欲得其最目"，"最目"就是"总目"。那末，一切官都从宰来的，"冢宰"是一切官的头子。譬如头在人身上是顶高了，但帽子还戴在头上。这样地说明冢字，也同时把古代的官制弄清楚了。

《孟子》里说，舜"就时于负夏"，以前的人把这个时字读作时辰的时，也照这个意义去解释。其实时是借作市的，因为市和时两个字都得声于之字的，如果拿市字来解释，不就清楚得多吗？

《尚书·洛诰》里："至于洛师。""伪孔安国传"说："师，众也。"

拿"众"字解释"至于洛师"的"师",作《洛诰》的人要受文理不通的批评了。但是后来的人也没有新的解释去替代他,因为大家都不明白"师"字的意义。从来"师"字像只有"师弟子"和"师旅"两个意义,其实这两个意义的本字是"達"。《说文》:"達,先导也。"古书里往往借"帅"字作"達",《周礼》"族师"注"师之言帅也",《仪礼·聘礼》注"古文帅为達",可以证明的。说到"师"字本身,他是"市"的转注字。那末"至于洛师",就是到了"洛市"。不但文理并非不通,而且意思也明白了。同时也可了解了从前称皇帝住的地方叫"京师",就是"大市"的意思。

就借"时"作"市"来说,自然可以明了作《孟子》的人,他生的地方,叫"市"和"时"没有分辨的,所以就用"时"作"市"了。作《洛诰》的人,他那地方叫"市"作"师",所以他就用"师"不用"市"了。我们如果这样去读古书,听方言,我们的兴趣也就不同了吧。

(原载于《国文月刊》1947 年第 52 期)

文字必须进行改革

　　中国文字有它一定的优越性，但也有很多缺点。汉字的难学、难写、难记以及由于这些困难而碍阻了教育事业的普及和文化科学的发展，这是肯定的。因为汉字有这些缺点，所以不能为广大人民所应用，我们站在六亿人口的利益的立场上，汉字必须进行改革，这是广大劳动人民的要求，也是文字发展的必然趋势。

　　至于改革的途径和步骤，很多人都提出应当是一方面整理简化汉字，一方面推广普通话进而为拼音文字。我也赞成这种办法。因为世界各国文字都是走的拼音的道路，只有我国是单音独体表意的方块字。这在日益频繁的国际学术交流上，是很不便利的。

　　简化汉字这个问题，其实早在几百年前的人民已有这种要求，试看我国宋、元以来的评话、传奇、通俗小说等民间文艺作品中，时常发现有简体字，不过那时候不叫简体字，而叫俗字。像我们现在简化字表里的阴阳的"阴"字、姓刘的"刘"字、姓罗的"罗"字、千万的"万"字、宫屏的"屏"字、吃亏的"亏"字等等，在宋、元以降的小说、弹词中早已出现了，足见简字的来源由来已久，到现在已经是"约定俗成"了。上面所举出的这些简体字，都是常见于民间文艺作品中的，这可以说明它是应广大劳动人民的要求而产生的。

再看我国文字发展的规律，也是由繁而简，即由最早的甲骨文演进而为篆、隶、楷就是一个简化的过程。

但是有一部分人是不赞成汉字改革的，尤其不赞成拼音文字。这是因为他们已经熟习了汉字的缘故，先入为主，对于已经熟习的东西特别有感情，因此不愿再用脑筋去学习新的——简体字和拼音文字。其实简体字或拼音文字对于不识字的人和儿童来说，学习起来，肯定是比汉字容易得多。我们中国人学习英、法等国文字就比外国人学习汉字容易得多，这就是一个很好的证明。

基于以上原因，必须实行汉字改革才能达到普及教育、扫除文盲、提高人民文化科学技术水平的目的，从而加速完成社会主义社会的建设事业。希望大家努力来完成这一伟大的任务。

(原载于《文字改革》1957 年第 11 期)

第四辑

社会主义新教育制度探索

第一次全国高等教育会议开幕词

各位代表、各位同志：

　　中华人民共和国的第一次全国高等教育会议今天开幕了，这是新中国建设中的一件大事，是令人感到十分兴奋的。中国人民大革命已经胜利了，我们的人民民主政权已经奠定了坚强的基础，我们的国家即将完全转入新民主主义建设的轨道。正因为有了这些条件，我们今天才可能召开这个全国高等教育会议，来讨论和部署新中国的高等教育工作。当然，我们的人民解放战争尚未完全结束，台湾、西藏仍待进军，全国人民还需要用最大的努力来支援与配合人民解放军去完成这项光荣重大的任务；而财政经济状况在长期战争之后和深刻的社会变革之中，不能不遇到许多严重困难，因此全国的建设目前还不能百废俱举。但在不久的将来，在我们彻底干净消灭了蒋匪国民党残余力量，克服灾荒和经济困难之后，我们的国家就要转入全面的建设，我们就迫切需要大量的人才，从事经济、国防与文化的建设工作。这种情况，在东北已经开始出现，在全国不久也必然要出现的。因此我们根据中国人民政治协商会议共同纲领，及时地研究加强、调整和改进高等教育的问题，乃是完全必要的。

现在让我先就中国高等教育的现况说一说。根据现有的材料，今天全国除台湾外，共有高等学校二百二十七所（各地人民革命大学一类性质的学校和各地军政大学不在内），学生共约十三万四千人。其中公立学校一百三十八所，约占全国高等学校总数的百分之六十一，中国私人创办的私立学校六十五所，约占总数的百分之二十九，教会设立的学校二十四所，约占总数的百分之十。全国高等学校中，大学六十五所，占高等学校总数的百分之二十九，专门学院九十二所，占总数的百分之四十，专科学校七十所，占总数的百分之三十一。目前全国高等学校的分布是极不均衡的，如在华东区就有高等学校八十五所，占总数的百分之三十七点四。单单上海一地就有四十三所，几占全国高等学校总数的五分之一。从我们国家的需要来说，全国高等学校的数量还是很少，特别是质量不高，还远不能满足各项建设工作的要求。全国高等学校中约有百分之十五是创设在老解放区或者经过彻底改造的，这些学校曾经培养成千成万的革命与建设的干部，其教学的内容与方法一般地适合实际的需要，理论与实际的结合比较好，但他们在今天多半还保持短期训练班的性质（这在目前还是有必要的），尚未完全发展成为正规的高等学校。至于约占全国高等学校总数百分之八十五的新解放区原有的高等学校，它们在过去也曾培养出不少有用的人才，其中有许多人对民主运动曾作了不少的贡献；但这并不是说，这些学校已经无须改造了。它们的教学内容基本上还不能符合国家建设的需要，它们的教学方法一般地还有理论与实践脱节的缺点，同时学生中的工农成分极少，这些都与我们今天的国家的情况和需要不相称。新解放区高等学校的这一切缺点都是半殖民地半封建的旧中国所必然产生的现象，有待长期的努力来加以克服。

自从中华人民共和国诞生，中央人民政府成立以后，原来老解放区的高等学校已在逐渐走向正规化。新解放区的高等学校也都初步实行了学校行政的改革和课程改革，特别是进行了革命的政治教育，在全体教师和同学的积极努力下，作出了良好的成绩，奠定了今后继续改进的基础。

以上所说就是目前中国高等教育的基本情况。根据我们国家的总的情况和高等教育的情况，根据我们国家的总的政策和文教政策，今后我们新中国高等教育的方针究竟应该怎样呢？我们全国高等学校究竟应该担负些什么任务呢？

《共同纲领》第四十一条至第四十七条，应该是我们解答这些问题的出发点。按照《共同纲领》，我们的高等学校的目的应该是以理论与实际一致的教育方法，培养具有高度文化水平，掌握现代科学技术的成就，全心全意为人民服务的高级建设人才。为要达到这个目的，我们的高等学校就要进行革命的政治教育，肃清封建的、买办的、法西斯主义的思想，发展为人民服务的思想；就要配合着工业、农业和国防建设的需要，密切地联系实际，进行关于科学理论和技术的教学工作；就要运用科学的观点和方法进行关于历史、经济、政治和国际事务的以及关于哲学、文学艺术的研究工作；就要努力向人民群众广泛和深入地普及科学技术的知识，提高人民群众的文化科学水平，推进国家的全面建设。

为了完成上述的任务，我们提出下列各点，作为今后整顿和加强高等教育的方针：

第一，也是最重要的一点，我们的高等教育，必须密切地配合国家经济、政治、文化、国防建设的需要，而首先要为经济建设服务，因为经济建设乃是整个国家建设之本。我们的高等学校以培养高级的建设人才为目的，因此在我们的高等学校就必须进行系统的并与实际相结合的科学理论的教育，并在此基础上，实行专门的科学技术的教育。高等学校缺乏系统的科学知识的教育是不行的；同时这种理论教育也决不能重蹈过去所谓"为学术而学术"的覆辙，忽视人民和国家的需要。我们的高等学校应该根据理论与实际一致的原则，结合基本科学知识与专门技术知识，融合理论学习与业务实习，培养出全面发展的、有真才实学的、富有分析力和创造力的专门人才来。

因此，我们要有计划有步骤地而且谨慎小心地在现有的基础上，在全国范围内进行课程改革的工作。此项课程改革工作的基本原则是力求理论与实际一致，力求课程内容适合国家建设的需要，一方面要克服旧有学校中有长期传统的脱离实际的教条主义，另一方面又要防止不顾长远利益与全面利益，轻视理论学习的狭隘的实用主义。这种改革必须是有计划有步骤的，并且必须是谨慎的，因为这是一项十分复杂十分细密的工作，没有充分的思想准备和人力准备就难于完满进行；而我们目前在这两方面的准备都是不充分的。我们必须按照各学校各院系乃至各门课目实行改革的条件成熟的程度，依靠全体高等教育工作者的群策群力，在统一的领导下作分头的努力，以求逐步达到共同的目标。在这一次全国高等教育会议上，许多专家教授准备提出一系列的曾经经过几个月研究和商讨的课程改革草案，提供一些学校进行课程改革的经验，希望大家仔细讨论和研究，给以补充和修正，但是并不作为会议的决定，而只作为全国各高等学校按照上述原则自行拟订新的课程计划时的参考。各高等学校在经过相当时期的讨论研究以后，应当在暑假中作出可能在下学年试行的方案，呈报中央教育部审查批准。

我们的高等教育要为经济建设和其他各项建设服务，第二件重要的工作就是根据各项建设实际需要，由教育部与各业务部门合作，加强中国人民大学和其他新型高等学校的教育设施，创设各种专科学校，并在各大学各学院添设必要的系和设立切合实际需要的专修科或训练班。

第二，我们的高等学校从现在起就应该准备和开始为工农开门，以便及时地为我们的国家培养大批工农出身的知识分子。大家知道，我们为新中国的建设培养工农出身的科学技术专家，作为新的坚强的骨干，乃是新中国教育的一项十分重要的任务。在这个方针下，我们的一部分高等学校应该立即作各项准备，在自己的学校里附设工农速成中学，作为升入高等学校的预备班；同时开始注意招收具备入学条件的工农干部与工农青年，进入自己的学校学习，并在他们入校以后，加以各种必要的帮助和关顾。我们全体从事高等教育工作的同仁，应该将教育工农青年与工农干部视为自己光荣的职责，应该用力克服轻视工农、脱离工农的不正确思想。

第三，我们的高等教育应该随着国家建设的逐渐走上轨道，逐步走向计划化。中国过去是一个半殖民地半封建的国家，经济政治的不统一，反映到高等教育方面就是极端的无政府状态，各立门户，各自为政。现在新中国已经有了坚强的政治和经济的统一，我们的教育工作就应该以此为基础，在统一的方针下，逐渐作有计划的布置和开展。

首先，我们要逐步实现统一和集中的领导。中央人民政府教育部对全国公立的高等学校，在方针、制度、设置计划、负责人任免、课程教材及教学方法等方面，都应该负有领导的责任。综合性的大学以及师范大学师范学院等均归中央教育部直接管理，独立学院和专科学校有一部分仍归中央教育部直接管理。另一部分归中央政府各有关部门办理的，其校长人选、方针、学制、课程等仍归中央教育部决定；经费、设备及其他日常行政事务方面得归有关部门管理。至于私人办的和教会办的私立高等学校，也都必须服从人民政府的法令，奉行新民主主义的教育政策。我们人民政府有责任引导这些私立高等学校更为顺利地走上新民主主义建设的正轨，为培养新中国的建设人才服务。在目前阶段，中央教育部因为客观和主观条件的不足，暂时委托各大行政区教育部或文教部领导各大行政区的高等学校，而随着必要与可能，中央将逐步地实行对全国高等学校的直接的管理。

其次，我们要在统一的方针下，按照必要和可能，初步地调整全国公私立高等学校或其某些院系，以便更好地配合国家建设的需要。我们对私人办的私立高等学校，除办理成绩太坏者外，一律采取积极维持和逐步改造的方针，对于其中成绩优良而经济困难的院系，一定要予以可能的补助。

最后，我们要有计划有步骤地改造与培养高等学校的师资，编辑高等学校的教材。大家知道，教师是改造和加强高等教育的关键。各地解放后，大多数的教师积极要求进步，认真参加学习，特别是热烈参加政治学习，这是我们教育建设中的新气象，是令人极为兴奋的。古人说："学然后知不足，教然后知困。知不足，然后能自反也；知困，然后能自强也。故曰教学相长也。"马克思也说："教育者本身必需受教育。"我们教师今天正是发扬了这种精神，奋勇前进，自强不息，使我们高等教育的改革，充满着光明的希望。为了解决师资数量不足和质量不高的困难，我们要采取各种步骤，加强师资的政治学习与业务学习，如各校要成立和加强教学研究指导组，提高教学及研究的效能；要加强高等学校与科学院及各生产部门的联系，有组织有计划地进行研究工作，整顿和加强现有高等学校内研究部和研究所的组织，使这些研究机关成为培养新中国高等学校师资的主要场所。同时我们还要有计划地派遣具有相当工作经验及学术基础的知识分子出国学习，以期切实而深入地吸取外国尤其是苏联及东欧新民主国家建设的经验，培养我们一部分高级的师资。

在课程问题得到初步解决之后，我们就必须有计划地着手编辑高等学校的教材和参考书。我们应该大量翻译苏联高等学校的教科书，作为我们主要的参考材料，同时我们也要着手编辑一部分教材。我们在这个会议上，希望能够组织一个高等学校教材编审委员会，负责领导和组织全国专家来从事这一艰巨的事业。

各位代表、各位同志们，以上所说的就是我们对于今后高等教育的方针、任务和若干重要步骤的初步意见，现在提出来供大家讨论时参考。自从中央人民政府成立以来，由于各地同志的艰辛努力，我们的高等教育，无论在创设新的方面和改造旧的方面，都有了显著的成绩。这就证明我们新中国的高等教育必然会走向光明灿烂的前途。当然，我们目前还有许多困难，尤其是经费的困难，使我们一时难于作大规模的恢复和发展，甚至在一部分地区还难于维持原状。但是这种困难是长期战争后不可避免的，也仅仅是暂时的，它们是会随着经济的恢复和发展而被克服的。我们的其他一切困难和阻碍，在毛主席和中央人民政府的正确领导下，由于我们全体同志的积极努力，也一定能够克服和消除。

我预祝这次具有重大意义的会议的成功！并祝各位健康！

（原载于《人民教育》1950 年第 1 卷第 3 期）

第一次全国工农教育会议开幕词

　　由中央人民政府教育部和中华全国总工会联合召开的第一次全国工农教育会议现在开幕了。我感到非常兴奋，我们现在把工农教育问题列为国家教育工作主要的议事日程，这在中国历史上是一件空前的大事。

　　中国英勇、勤劳的工人和农民，创造了中国的历史和文明，但在旧中国，他们却被剥夺了享有文化和教育的权利。工农及其子女向来被排斥在国家教育的门外。这现象一直到中华人民共和国成立，才在全国范围内开始了根本的改变。

　　伟大的人民革命的胜利，使工人、农民取得了作为国家基础的政治地位，也取得了享受各级正规教育的政治权利。当前整个国家的教育事业正在从过去为少数人独占转变为给广大劳动人民服务的基础上来。中央人民政府把发展工农教育，培养工农出身的新型知识分子，作为自己的极为重要的任务。国家对工人、农民的教育将继续日益扩大其范围，并为他们开辟无限光辉的前途。同志们，这一个远景在我国之必将实现，是肯定无疑的。但是，这样一个远景是不能即时实现的，我们只能逐步地做。广大的工农群众现在一般还缺乏享受正规学校教育的条件。这不仅因为他们要维持自己家庭的生活，不能离开生产以及在文化上和学校教育衔接不起来，同时也由于国家的生产建设必须依靠他们，一日也不能离开他们。在这种情况下，就发生了这一历史时期工农教育的一系列特殊的问题，一般的正规教育的体系，还不能适应他们的需要，这是要用切合历史条件的方法来解决的。

我们这里所指的工农教育，主要的是指在生产战线上的广大青年和成年男女工人和农民的教育问题以及培养工农知识分子的问题。这是属于一个新的教育范畴的。今天我们把这一个问题提到国家的议事日程上来，是有极其重大的意义的。我们的国家是人民民主专政的国家，这个人民民主专政的基础乃是工人阶级和农民阶级的联盟，提高工人和农民的文化水平和政治水平，是发展和巩固这个人民民主专政的必要条件。同时当前国家的中心任务是迅速恢复与发展国家的生产建设。生产建设主要的依靠就是在生产战线上的工人和农民这两支大军。如果我们在教育上不能配合着将这两支大军的思想觉悟提高，文化技术提高，就不可能在生产建设上出现我们所要求的新的劳动态度和创造的精神，我们的生产建设任务将要受到损害，我们的教育工作也就脱离了实际。为此，我们对于这一个问题的正确的解决，是迫不及待的。因此，正确地开展工农教育乃是全国人民，首先是我们教育工作者的一个重大的政治任务。

大家知道，工人和农民的教育在我们中国并不是一件新鲜的事，它在老解放区早已实行了。一年来，全国工人参加业余学校学习已发展近70万人，去年冬季，在经过土地改革的地区，农民参加冬学学习的已达到一千余万人的规模。是的，这不是一个新问题，一般说，各地政府和人民团体都注意了，并且我们在这方面曾获得了很大的成绩。但为什么今天还要这样提出并召开这样的大会呢？那就是说，根据新的历史条件，仅照过去的做法是不够的了。目前各地对工人业余教育和农民教育的方针问题，在领导思想上还存在着分歧，还缺乏长远的计划和许多实际的步骤。这就需要中央根据《共同纲领》，根据国家总的情况，根据当前实际的需要与可能，慎重地来考虑。我们希望在这次会议中，大家就能根据上述各点和国家总的情况来考虑有关工农教育实施的几个根本问题，大家在思想上取得一致，以便我们回去好办事。

以上我说的工农教育的重要性，以及它的意义，我们对它要有充分的认识和充分的热情。但同时我们要认识这是个关系着亿万人的历史地位的大问题。如何解决这样一个大问题，我们就不能单从愿望出发，我们必须依据主客观条件与可能。工农教育在目前的基本任务就是"开展识字运动，逐步减少文盲"。识字教育是工农教育的起点，要培养了工人农民读写算的能力，才能进一步提高他们的文化，使他们逐渐学成有文化、有教养的人。工农要有了文化，才能彻底翻身，提高自己的社会性和组织性，更有效地从事生产建设，参加政治生活，管理国家事业。列宁说过，"一个充满文盲的国家是不可能建设共产主义社会的。"毛主席也说过，"扫除文盲是建立新中国的必要条件。"新中国的工人、农民现在正急迫地要求文化，因此，我们要按照各地区的实际情况（如解放不久的地区与老解放区群众觉悟程度与学习要求不同，长江以南与华北、东北农民的忙闲季节不同），有计划有步骤地开展识字运动，减少工农中的文盲。首先应着重工农干部的文化学习，扫除工农干部中的文盲，提高他们的文化水平。其次是选择有条件的工人区，以及土地改革后有条件的农村，在有组织的工人农民中开展识字运动，同时在全国范围内创造条件，积累经验，作全面扫除文盲的准备。这就是全国工农业余教育在今天要采取的方针。

工农识字学文化是提高政治觉悟和生产技术的先决条件。因此工农教育在现阶段一般应以识字为主，同时结合政治时事和生产技术的学习。过去有些地方，有些同志，轻视文化的价值，没有认识识字教育的政治意义，是不对的。孤立地进行文化教育或单纯的文化观点，也是不对的。二者不可偏废。政治教育和文化教育孰轻孰重等争论，就是由于不了解这两者的正确关系而产生的。我们的任务是解决群众识字，但这不是说，识字就可以放松思想政治教育，相反的，我们一定要在识字教育中，很好地与政治技术教育相结合，联系当前的政治事件、时事、生产政策等等。在业余学校里，通过识字和文化学习启发群众的积极性，进行读报、时事、生产技术、卫生知识的教育，都是必要的。

如果有些工人群众，他们关心生产技术，不关心识字，那可不可以在我们的业余学校里，允许某些人单学技术，或开设技术班，或由技术高的工人用带徒弟的方法一致着重学习技术，不学文化呢？自然，是应允许的。一般工人要求学习技术，是好的，这可以用很多办法去达到他们的目的。同样，为了一个特殊目的，如培养工会干部、工厂管理人员，要在工人业余学校办一两个专门的政治训练班可不可以呢？是应允许的。总之，不应机械地来了解业余教育的内容，而应按照当地当时的情况和群众的要求，作适当和具体的规定。对农民业余教育，在原则上也相同。

工人、农民业余教育中，还有许多重要的问题，如教育制度、组织形式、教学计划、教材、成人教学方法以及领导关系、经费等等，这一切都要逐步加以解决。在这次会议中，希望大家多提意见，尽可能求解决。

以上是关于工人、农民业余教育中的问题，现在我要谈谈工农教育中另一个问题。参加人民革命斗争的很多工农出身的干部，以及工农群众中有一部分具备初步文化水平可以深造的青年积极分子，均需要提高。这一部分人和全部工农群众比，那只是少数；但是提高这一部分人的文化水平，按其意义说，却是更为重要的。我在前面已经提到中央人民政府，把培养工农出身的新型知识分子看作自己工作中的重要任务之一。关于这一方面的具体措施，我们要在这次大会中提出两个方案，一个是工农文化补习学校实施办法草案，一个是工农速成中学实施办法草案。

工农文化补习学校的目的和任务是什么呢？

这一种学校招收的对象，主要是我们机关、部队、人民团体里工农出身的干部。他们的大部分工作时间很久，在革命中一般都受到了一定的政治锻炼，有一定的社会经验和革命斗争的经验。这是十分宝贵的。但他们之中的很多人，由于过去没有机会上学，加以连年繁重的革命任务，无暇学习，所以现在文化还很低。因此在今天，他们还暂时难于担负较复杂的工作任务。国家对于他们应该而且必须给以学习文化的机会。其中的一种形式，就是为他们办一种特殊的学校，即工农文化补习学校，按学生各人不同情况、年龄，希望在一定时期，有的提高到等于初中毕业的文化程度，有的提高到等于高中毕业的文化程度。他们从各机关抽调出来，脱离工作，专心学习，毕业以后，仍可以回到本地、本机关去。这对于革命，对于国家建设，都是十分重要的。这类学校，一般应由各地方、各机关、各团体来办，但国家对这种学校应有一个统一的方针和一定的教育标准、教学计划、课程和教材，以及考试和毕业的制度。这类学校，事实上有的地方已经有了，我们希望这次大会能把已有的经验总结起来，规定一个办法，以便在各地普遍地正确地办起来。

工农速成中学则是专为培养工农干部以及优秀的工农青年，准备将来升入高等学校进一步深造，培养成高级建设人才为目的。这一种学校所收的学员，对他们的要求比较严格，一定要有高小毕业的文化程度，要有上进的志趣，有长期学习的决心能修完高等学校的课程的人方合格。这种学校与文化补习学校的差别，主要是在升学。这是国家有计划地培养工农出身的新型知识分子、专门家的一个重要步骤。不办这类学校，不办好这类学校，工农出身的人就无法在短时期走进高等学校的门。这类学校现在全国已开始试办了18所，因为过去没有经验，方针上也还不够明确，因此，在事实上，也许和我现在说的有原则的出入。这就希望大家在这次会议上，反复地讨论，务必使方针明确，并交换一年来的经验，设法解决它的教育标准、教学计划、课程、教材、师资等等重要问题。

同志们，在这次大会上要提出讨论的问题，主要集中在几个关于工人业余教育、农民业余教育、工农文化补习学校和工农速成中学的指示与实施办法的草案。这些草案，都包括着复杂的内容，都有原则、方针的问题。我们要求达到的也就是原则上的一致。至于其他的重要问题，我们在这次会上是不能都解决的，但也要讨论出一个解决问题的办法，组织力量，开始准备。

这是新中国第一次的工农教育会议。工农教育问题的彻底地解决是要相当长的时期的，我们还有召开第二次、第三次会的机会，所以也不必性急。同志们，我们相信这一次大会是能开成功的，我们的工农教育是在这次大会后向前进一步的，因为我们有了毛主席及中央人民政府的正确领导，我们有广大劳动人民的支持，我们有长期的工农教育的经验，又有苏联先进的经验可以借镜，这就造成了我们工作前进的重要条件。加上同志们和广大工农教育的教师们的努力，是一定能够克服一切困难，达到我们的目的的。

预祝大会成功和祝各位代表健康。

（原载于《新华社新闻稿》1950 年第 107—136 期合订本）

关于一九五〇年全国教育工作总结和一九五一年全国教育工作的方针和任务的报告

一、一九五〇年全国教育工作的总结

一九五〇年全国的教育工作，开始在中央统一领导下有计划有步骤地进行。我们根据当时有关教育工作的各种基本情况确定了有计划、有步骤、有重点地稳步前进的工作方针。

一年来，在上述方针下，全国教育工作有下列主要的收获：

（一）明确规定统一的方针政策：本部于一九四九年十二月召开了第一次全国教育工作会议，确定了全国教育工作的总方针，强调指出教育必须为国家建设服务，学校必须为工农开门；明确了改革后教育的方针和步骤与发展新教育的方向。去年六月召开了第一次全国高等教育会议，为高等教育的改革规定了正确的方向。九月召开了第一次全国工农教育会议，确定了现阶段工农教育的方针和实施办法。这样就使得全国教育工作者对自己的工作有了明确和统一的方针政策，有了一致的努力方向。一年以来，新区学校着重恢复与安定，并开始实行整顿和改造；老区学校则着重在巩固和提高，并作适当的发展。据不完全统计：全国现有小学校三十九万五千多所，学生二千九百三十三万余人。中等学校共五千一百余所，学生一百五十七万余人。在老区，如东北区、华北区及华东区的山东等地均有新的发展。中、小学学生中，工农子女不论城市与农村均有显著的增加，老区中小学，工农子女已占学生总数百分之八十以上。全国高等学校现共有公私立二百零一校，在校学生十二万八千余人，较一九五〇年暑假前约增加一万人。

（二）在全国范围内实行旧教育的改革：我们本着有计划、有步骤和谨慎地进行改革的方针，注意防止急躁、粗暴与拖延不改的两种偏向。其步骤为先从改革教育内容着手，开始进行改革课程、改编教材、改进教学方法、改变教学组织等一系列的工作。首先开展了革命的政治思想教育，取消了反动的课程；进而力求课程内容适合国家建设需要，并设法精简不必要的课程与教材。在高等教育方面，公布了高等学校课程改革的决定，并拟定了文法学院九个系、理工学院十一个系、农学院四个系及专修科五十四种的课程草案。为改革全国师范教育，首先开始进行北京师范大学的改造，该校在行政领导、院系调整、课程教材教法方面，都进行了初步改革，并获得了成绩。全国中、小学的课程教材在语文、政治、史地方面有初步改进。

（三）发展和提高工农教育：首先是创办了中国人民大学，采用苏联经验和中国实际情况结合的方法，培养工农高等知识分子。该校已招收工农干部及知识青年二千九百八十一人入学，分设本科和专修科，并开办了夜大学。一年来该校在教学制度、组织及教学方法上已经取得一定的良好经验。第一次全国工农教育会议，确定了举办工农速成中学、工农干部文化补习学校及加强在职工农干部文化教育及工农业余教育的实施办法与计划。现已创办工农速成中学二十二所，学生达三千七百余人。在职工农干部入业余文化补习学校的，已有十三万五千余人。工农业余教育有了很大的开展，一九五〇年底，全国已有一百万零五千职工参加业余学校学习。一九四九年冬季，农民入冬学的人数达一千三百余万人，一九五〇年冬估计达二千五百万人；一九五〇年农民坚持常年学习的有三百四十八万人。

（四）在全国范围内实行了革命的政治思想教育：全国教育机关，配合各方面，普遍地对学生对群众进行了政治思想教育；各大行政区举办人民革命大学，进行了团结改造知识分子的工作。这一工作使全国教师、学生及其他知识分子以及全国人民在政治思想上提高了一步，在肃清封建的、买办的、法西斯主义思想，建立革命的人生观，发展为人民服务的思想方面获得了巨大的成就。特别是经过抗美援朝的爱国主义教育之后，扫除了一部分人亲美、崇美、恐美的错误思想，大大提高了民族自尊心和自信心。

（五）开始实行教育事业中的公私兼顾政策：对私立学校一般地采取了积极维持、加强领导、逐步改造的方针，使之逐渐适合国家建设的需要，并实行在城市奖励私人兴学，在农村鼓励群众办学的政策。因而不仅大批私立学校维持下来，且大大提高了群众办学的积极性。如在东北，据六省一市的统计，共有农民兴办的村学二千八百五十八所，学生二十万零五千六百九十六名。现全国私立高等学校有七十余所，私立中等学校约一千五百多所，私立小学为数更多，其中有不少办理较好的学校，得到了政府的补助，并有了新的发展。

（六）为国防、经济、政法、文教建设事业供应了大批人才：一九五〇年全国高等学校毕业生一万七千五百余人，第一次开始作有计划的统筹分配，百分之八十以上的学生按预定要求，走上各项建设的岗位。抗美援朝运动发动后，在深入爱国主义教育的基础上，动员了大、中学校学生四万余人参加了军事干部学校。

以上就是一九五〇年全国教育工作的主要收获。

另一方面，一年来全国教育工作有下列主要的缺点和偏向：

（一）改革旧教育的工作，基本上是进行得正确的，但在不少场合存在着拖延不改的现象，同时也存在着急躁的偏向。学校中的思想政治教育工作，一般是进行了，但还有一部分学校至今不重视政治教育，强调单纯技术观点，政治教育的质量一般不高；同时则有少数学校曾在思想政治教育工作上犯急性病，不适当地采用过左的办法。争取团结和改造知识分子的工作是有成绩的，在积极设法使知识分子与实际结合的工作方面，找出了像组织他们参加土地改革的工作等很有效的办法，凡实行这种办法的都得到好的成绩。在教育方法方面，不少教师继续实行"填鸭式"教学，亦有轻视课堂学习，强调自学辅导，随便实行"民主评定"学习成绩等等。以上偏向虽经中央和地方先后纠正，但各地仍未完全克服，须继续注意纠正。

（二）"普及与提高正确结合"，在全国教育工作会议上虽已强调提出，但一年来我们在实际工作中对中等教育和初等教育的重视是不够的，特别是初等教育方面有些迫切需要解决的问题，如经费问题和教师待遇等，未能及时作适当的解决和改善。

（三）在教育事业中贯彻公私兼顾的方针做得还不够。有一个时期，在若干新解放区曾发生私立中、小学校大批停办，致教师失业、学生失学人数增加，对社会的安定与国家的建设发生不良影响。后来经毛主席、周总理的指示，在政务院文教委员会指导下进行了失业知识分子与私立学校的调查，才加以注意并开始予以适当的解决。但各地对私立学校的领导和帮助仍是不够的。

（四）对学生健康问题重视不够，对于课程过重，社会活动和会议过多，以及学校忽视伙食管理，忽视体育卫生等损害学生健康的现象，未及时规定有效的办法加以改进。

（五）对少数民族教育注意得很不够。一九五〇年对少数民族地区的教育情况未作调查研究。有些地方的干部对少数民族学校，不研究其风俗习惯与历史情况，曾机械地搬用汉族地区的工作经验，轻率地进行改革或合并学校，使工作受到损失。

这就是一九五〇年我们工作中的主要缺点与偏向。这些缺点和偏向，虽已注意纠正与克服，并有了很大的转变，但工作已受到损失。产生这些缺点和偏向的主要原因，乃是我们掌握方针政策不够，调查研究、了解情况不够，工作作风上存在着官僚主义尤其是事务主义的毛病，今后必须大力克服。

二、一九五一年全国教育工作的方针和任务

甲、一九五一年全国教育工作的方针

（一）大力开展抗美援朝的爱国主义教育，彻底肃清帝国主义，首先是美帝国主义在中国的文化侵略影响。

（二）继续贯彻教育为国家建设服务的方针，与经济、国防、政法、文化等建设事业密切配合，培养各种建设人才，首先是经济建设人才；坚持教育为工农兵服务，各级学校为工农开门的方针；切实实行教育事业中的公私兼顾与城乡兼顾的原则。

（三）着重进行各级学校的调整、统一、整顿、巩固的工作，为今后的发展准备条件。

（四）采取切实有效的步骤，贯彻毛主席"健康第一"的方针，增进学生健康，并在现有基础上适当改善中、小学教师的待遇。

乙、一九五一年全国教育工作的任务

（一）开展抗美援朝爱国主义教育

（1）各级和各类学校通过各科教学，并配合各种课外活动，普遍进行抗美援朝爱国主义教育。同时，通过各级和各类学校的学员对全国广

大群众进行宣传，协同各方完成使每一处每一人都受到这种教育的任务。

（2）在上述思想教育的基础上，完成在全国范围内号召一批青年学生自觉地参加国防建设的任务。

（3）正确地、慎重地处理接受美国津贴的各级学校及其他教育事业。

（二）确定中华人民共和国的新学制。组织学制改革研究委员会，搜集各方面意见，拟定方案，报请政务院转中央人民政府委员会核定公布施行。

（三）高等教育

（1）配合国家建设的需要，适当地、有步骤地充实和调整原有高等学校的院系。首先调整工学院各系，或增设新系，此项工作先从华北和华东做起；调整航空系；与政法委员会配合，举办政法干部训练班，整顿与加强各高等学校的政治、法律等系。以各大学现有的师范学院、教育学院、教育系和个别的文理学院为基础，加以调整，向着每一大行政区办一所师范学院，每一省或两三个省办一所师范专科学校的方向发展，分别培养初高级中等学校师资。

（2）大力加强中国人民大学、哈尔滨工业大学和北京师范大学的工作；并及时总结推广其经验。

（3）配合建设需要的轻重缓急，今年暑假有计划、有重点地招收新生。全国高等学校（包括大学学院、专科学校与专修科）共拟招生三万五千名。在招生时注意吸收曾长期从事革命工作的知识分子干部、工农干部和产业工人入学。

（4）与各有关部门合作，修订工学院、农学院、理学院若干系的课程草案，并拟确定若干系的课程标准；修订政法学系的课程草案；草拟财经学院、师范学院及医学院各系的课程草案。严格督促和检查各高等学校实施课程改革，纠正拖延不改的偏向。

（5）从各高等学校选派财经、理工科的教师各一百名，分别到中国人民大学和哈尔滨工业大学进修，加强大学的科学研究工作，招收研究生三百名，各校并在毕业生中选留助教三百五十名，加紧培养新师资。

（6）派遣一定数量的留学生出国留学，争取在资本主义国家的一部分留学生回国。

（四）中等教育

（1）整顿和积极发展中等技术学校，大量培养中级技术干部：六月召开技术教育会议，研究确定各种中等技术学校的方针、任务、学制、教学计划、课程教材及调整发展的具体办法。协同业务部门整顿和充实现有的五百余所中等技术学校，并有计划地创办各种中等技术学校或技术训练班，有重点地在高级小学附设技术训练班；尽量设法使全国高小毕业生、初中毕业生，除升入一般初中及高中或直接就业者外，能进入各类艺徒学校、技术学校或训练班，培养他们成为初级中级技术人员，为国家建设服务。

（2）整顿、巩固全国公私立中学，在老解放区并作适当的、巩固的发展：三月召开全国中等教育会议，确定中等教育方针、任务、普通中学的宗旨、教育目标、教学计划及课程标准，制定中学暂行规程。按照中学暂行规程的规定，首先在各地选择条件较好的中学二百五十所切实执行，取得经验，逐步推广。对私立中学则积极领导，加以改革，奖励私人办学，同时给以必要的帮助，解决其困难。

（3）坚持向工农开门的方针：中等学校招生时应按地区分别规定工农子女的名额比例。工农速成中学在校学生发展到七千八百名，工农干部文化补习学校招收一万八千名工农干部入学。

（4）整顿、巩固并适当发展师范教育：召开师范教育会议，确定各级师范学校的方针和任务，改订教学计划及课程标准，制定师范学校暂行规程。整顿并适当扩充现有师范学校，增办县初级师范学校，改进教学方法。加强对在职教师学习的领导，举办短期师资训练班，巩固专业思想，提高教师的水平。

（五）初等教育

召开全国初等教育会议，确定初等教育的方针和任务、教学计划，制定小学暂行规程，解决其课程、教材、教师进修办法等问题，采取有效方法和步骤，着手解决初等教育经费及改善教师待遇问题。全国各地应通过各级人民代表会议，发动和支持群众办学。全国小学以整顿、巩固为主，老区可作适当的和巩固的发展，新区则着重恢复，争取在一九五一年全国小学和小学教师能在基本上安定和巩固下来。

（六）社会教育

（1）成立全国职工业余教育委员会，推动职工业余教育，提高质量，加以巩固，扩大入学人数到一百五十万人，特别注意发动工人干部及积极分子参加学习，正确地结合文化学习与政治、技术的学习，克服不学文化和单学文化的两种偏向；并出版《学文化》半月刊，作为职工学习文化的补助读物。

（2）继续开展农民业余教育，争取冬学入学人数达到三千万人。并在冬学的基础上发展常年性的农民业余学校，争取入学人数发展到五百万人，特别注意吸收农村干部及积极分子入学，加紧爱国主义教育与文化学习。

（3）指导办好机关在职干部业余文化补习学校，建立正规的学习制度与教学计划，争取二十万名在职工农干部入机关业余学校学习。

（4）成立中国文字改革研究委员会，确定常用字、简体字及确定注音方案，为开展工农群众识字运动作准备。

（七）注意和发展少数民族教育：与民族事务委员会密切配合，了解少数民族教育状况，指导和协助各民族地区整顿与发展教育事业，着重实施爱国主义教育，加强祖国观念，培养知识分子。举行少数民族教育会议，拟定方案，逐步解决经费、教师和教科书等问题；协助民族事务委员会办好中央民族学院及其分院。

（八）与华侨事务委员会密切配合，成立华侨教育中央领导机构，有效地改善华侨子女的教育。

（九）大力编印各级学校的教科书：根据新定学制，重编小学及中学教科书。首先着手编辑政治常识、语文、历史、地理教科书。其次，参考苏联教科书，改编数学、物理、化学、生物等自然科学教科书，编辑师范学校的教育学、教材教法等教科书。同时编辑工农速成中学、工农业余学校的课本。组织教授专家编译高等学校教科书。并开始组织编订小学教师的参考用书。

（十）成立体育委员会，指导各级学校切实实行"健康第一"的方针，减轻学生的课业及课外活动的负担，提倡体育文娱，加强卫生教育，改善卫生环境及医药设备，加强伙食管理工作。提倡与推进国民体育卫生运动，增进国民健康。

（十一）中央和地方有计划地组织假期讲习会、教师代表会议、在职学习、函授，并动员教师参加土改及其他群众运动，以提高教师的思想政治和业务水平。对失业知识分子，应继续注意，使他们有学习和参加教育工作的机会。

为了完成以上任务，我们要逐步健全各级教育行政领导，合理地调整和充实省、市、县、区教育行政机构，确定其编制，配备各级教育行政机关的主要干部。特别要加强调查统计研究工作和视导工作，充分掌握情况，检查各项政策、方针、决定执行的情形，及时加以指导。及时地总结和推广经验，纠正偏向和缺点，严格实行教育工作的请示报告制度和奖惩制度。办好《人民教育》月刊，并指导各地调整与改进教育刊物，使其互相配合充分发挥对教育业务的指导作用。

（原载于《新华月报》1951年第4卷第4期）

第一次全国初等教育及师范教育会议
开幕词

各位代表、各位同志：

大家期待了很久的第一次全国初等教育会议与第一次全国师范教育会议，今天合并举行，正式开幕了。

初等教育是人民的基础教育，提高人民文化水平，培养国家建设人才，均有赖于这个基础。现在为适应广大群众对文化的迫切要求，如何准备和逐步推行普及教育，更好地教育祖国新生的一代，已成为我们的极重要的任务。而师范教育，对于各级师资的培养与提高，又是整个人民教育事业能否办好与能否发展的决定关键，这个问题如不能很好解决，国家建设中最重要的干部培养计划亦将无法实现。因此，这次会议对于新中国教育事业以及各种建设事业的开展，都是很有意义的。

两年以来，全国初等教育已有很大的发展，目前全国共有幼儿教育机关二千一百四十六所，有儿童共十四万五千九百人；共有小学四十三万八千七百十一所，学生三千五百八十七万二千六百六十七人，已经超过战前的水平。同时老区小学在巩固提高方面，新区小学在改造方面，都有了显著的进步，这一巨大成绩，是在中央人民政府正确领导之下全体教育工作者努力的结果，特别是百余万小学教师在极困难的条件下艰苦工作的结果。但是现在全国初等教育机关特别是小学仍感数量少、容量小，还远远不能满足人民群众的需要；许多小学的质量也还很差。同时目前初等教育经费还很困难，农村教师待遇很低，以致造成某些地区小学教育不很稳定的状态。根据这些情况，关于初等教育方面这次会议应该解决下列问题：

第一，要明确地规定儿童初等教育的方针和任务。我们应该根据人民民主专政的国家社会性质，以老解放区初等教育的良好经验为基础，吸收旧有的初等教育某些可用的经验，还要借助于苏联初等教育先进的经验，来规定我国初等教育的方针和任务，讨论和通过小学暂行规程及幼儿园暂行规程（草案）、小学教学总纲及幼儿园教养工作计划。使新中国初等教育得到正确和健全的发展。

第二，确定初等教育经费的筹支原则和适当地改善小学教师的待遇。近两年来，由于小学的迅速发展，各地初等教育经费普遍地感到困难，有的甚至降低小学教师的工薪或裁并小学，致使群众不满，这是目前教育建设中一个严重的问题，应根据地方政府统筹和依靠群众相结合的方针，研究一个妥善的解决办法。目前小学教师，特别是农村小学教师的工作很繁重，生活很艰苦，中央人民政府很关心这个问题。小学教师的待遇，和全国其他职工的待遇一样，在国家财政经济状况还未根本好转，抗美援朝的战争还在进行的情况下，不能有大的提高。但是在政府财政力量与群众负担可能的条件下，我们必须努力设法适当地改善小学教师的待遇，使大家能安心工作，以利于初等教育事业的巩固和发展。

第三，确定在全国范围内推行初等教育新学制的实施步骤。《中央人民政府政务院关于改革学制的决定》已经政务院会议通过，不久即可公布施行。如何根据政务院的决定，并且参酌各地实际情况，特别是少数民族地区的特点，拟定逐步地由四二制小学改为五年一贯制的实施计划，这一问题需要大会详细地加以讨论。

此外，我还希望大家关于如何加强地方教育行政领导问题和小学各科的课程标准充分地交换意见。

师范教育方面：现在全国共有中等师范学校六百零三所，学生十六万七千二百八十一人；另有短期师资训练班学生二万零八百八十六人，共计十八万八千一百六十七人。高等师范学校二十九所（内有十三个学院是附属于大学的），学生共一万二千五百六十四人。目前师范教育中存在着的问题，首先是各级师范学校的教育方针、任务、学制、教学计划以及行政制度等等，各地实施多不一致，特别是高等师范学校系科的设置，多不合理，远还不能适应培养大批中等学校师资的需要。而中等师范学校的分布情况是老区多新区少，初级师范学校多，师范学校少，整个看来，设置和发展是很不平衡的。目前各级学校师资，普遍地感到缺乏，初等教育师资缺得更多，现有中等师范学校，也远不能完成培植师资的任务，部分现任教师必须加以训练提高其质量，这就更加重了中等师范学校的任务。因此，各级各类师范学校，都必须调整和发展，特别要多办各种短期师资训练班和速成班，以达到供应大量师资的目的。其次，现在各级师范学校还没有一套合用的教材，特别是业务课，更缺乏新教材，因而进行教学有极大困难。这一问题我们必须有重点地逐步加以解决。至于教师待遇与各级师范学校学生的待遇问题，也给目前师范教育不很稳定和不很巩固以一定的影响。这些问题，我们应该逐步地加以解决。

当然，我们这次会议上，不可能把所有的问题都解决了，我们要着重解决以下两个问题：

第一，确定各级各类师范学校的方针和任务。师范教育是整个教育建设中的中心环节，师资问题如不解决，文化建设的高潮就很难到来，甚至会影响经济建设。因此，我们要求一切教育工作者与各级领导者重视这一问题。当前首要的问题是立即制止师范教育中的混乱现象，适当地改善教师和学生的待遇，巩固和提高教师的为人民服务的专业精神，把各级师范学校安定下来，并在巩固的基础上力求发展。其次，我们应明确规定中等师范学校的任务是培养小学和幼儿园的师资和部分的工农业余学校的师资，高等师范学校的任务是培养普通中学、工农速成中学、师范学校的师资以及其他中等专业学校普通课的师资。我们所培养的各级各类学校的新师资，必须是用马克思列宁主义、毛泽东思想武装起来的、熟习业务的、全心全意为人民教育事业服务的人民教师。这种教师是一定能够得到政府和人民的尊重，青年儿童的爱戴的。为达到这个目的，这次会议要讨论确定各级各类师范学校的教学计划，拟定各级各类师范学校的规程。并就高等师范学校课程草案、师范学校教育学、心理学等科课程标准交换意见。

第二，拟定全国中等师范学校设置计划与高等师范学校调整设置的原则。现在师资、经费与学生来源等条件，还有很多困难。但是新中国是革命的中国，是人民的中国，我们必须用革命的精神，并依靠人民群众，来克服一切困难，大量地培养师资。关于高等师范学校的设置，每一大行政区必须设一由大行政区教育部直接领导的师范学院；每一省和大市应设一师范专科学校，如有条件，亦得设师范学院；原有大学文学院所设教育科系，以归并改造为原则。各类中等师范学校应力求发展，并注意纠正过去发展不平衡的现象，特别应多设短期师资训练班和速成科，以适应逐步普及初等教育的需要。这是一件巨大的工作，在这当中发展重点如何确定，省与所属县市在设置上如何分工，正规学校与短期训练班如何配合，以及如何有计划有步骤地提高在职教师质量等等问题，都希望大家好好研究讨论。

（原载于《人民教育》1951 年第 3 卷第 6 期）

三年来中国人民教育事业的成就

    亚洲及太平洋区域和平会议，不久就要在我国首都举行，这是伟大的世界和平运动中的一件大事，这是亚洲及太平洋区域的亿万人民为了争取和平、自由、独立、幸福的生活而更加团结起来的盛会。同时，中华人民共和国成立三周年的国庆节也即将到来，这是中国人民在中国共产党和毛主席的英明领导下，击败了国民党反动派和美帝国主义的联合力量，像巨人一样地站立了起来的伟大节日，是中国人民从黑暗走向光明、从灾难走向幸福的伟大节日。为了庆祝这次和平会议的召开，为了迎接国庆节的到来，让我们回顾三年来中国人民教育事业的成就，我想是很有意义的。

    中华人民共和国的宣告成立，在中国历史上揭开了一个新的纪元。

    大家都知道：长期的民族压迫和封建压迫所给予中国人民的灾难是异常深重的。腐朽透顶的国民党卖国贪污政权所留下来的是一个经济、文化落后的国家，教育事业的遗产尤其可怜。广大的工农劳动人民被剥夺了受教育的权利，百分之九十的人是文盲，封建的、买办的、法西斯主义的教育摧残了青年们的自尊心和自信心。在国民党反动派统治地区，到处都可以看到所用非所学、毕业即失业、苦闷徬徨、流浪堕落的青年，情况是很悲惨的。

三年来，解放了的中国人民，一致团结在中国共产党、毛主席和中央人民政府的周围，遵循着新民主主义的道路，实行了政治、经济和社会的根本的改革。抗美援朝、土地改革、镇压反革命、思想改造和"三反""五反"运动不断地取得伟大胜利，恢复和建设经济事业已有了辉煌成就。同时为了提高人民的政治觉悟和文化水平，为了培养国家的建设干部，中国人民教育事业也有了迅速的发展和进步。

一九四九年冬天，当中华人民共和国初成立的时候，全国有高等学校一百九十一所，学生十三万多人；有中等学校五千二百余所；学生一百二十七万多人；有小学校三十四万六千七百余所，学生二千四百二十多万人。

三年来各级学校教育都有了大规模的发展，单就学生人数来比较：小学学生到一九五一年增加了百分之七十七，到今年暑假后则增加百分之一百零一，即增加了一倍多，在校学生将达到四千九百余万人；中等学校学生，到一九五一年增加了百分之五十七点九，到今年暑假后则增加百分之一百四十二点二，即增加了一倍半，在校学生可达到三百零七万八千人；高等学校学生到一九五一年增加了百分之三十四点八，到今年暑假后则增加了百分之六十九，在校学生可达到二十一万九千七百人。若和国民党统治时期最高一年（一九四六年）的数字比较，则小学生增加了百分之一百零七，中等学校学生增加了百分之六十三点九，高等学校学生增加了百分之六十九点九。

中央人民政府对少数民族的教育特别关心，新创办的五所民族学院，学生已达到八千八百人。中学生今年比去年增加了百分之二十七，小学生比去年增加了百分之十一，其中解放较早的东北区朝鲜民族，学龄儿童入学的已达到百分之九十二，内蒙古自治区学龄儿童入学的已达到百分之七十。有些少数民族没有文字，我们正在为他们创造文字，来发展他们的文化。

在工农业余教育方面，职工业余学校入学人数，一九五一年已达到二百万人以上，今年八月已达到三百零二万人。农民业余学校入学人数，一九五一年已达到一千四百万人，今年预计可达到二千四百余万人。农村冬学的入学人数，一九五一年已达到四千二百余万人，今冬预计可达到五千万人。这里应该特别提出的是：祁建华同志创造了速成识字法，将大大地缩短扫除亿万工农文盲的过程。现在各级人民政府正大力推广速成识字法，训练师资，积极准备开展大规模的扫除文盲运动。预计今冬明春即可扫除工农干部、产业工人、青壮年农民中的文盲一千余万人。

以上的事实说明，新中国教育事业的发展，已远远地超过了国民党反动统治时期二十年的成就。

人民教育事业发展是和改革旧的教育事业分不开的。三年来，人民政府坚决地、有计划有步骤地从各方面进行了改革旧教育的工作。

第一，是关于学制的改革。一九五一年十月中央人民政府政务院颁布了《关于改革学制的决定》，规定了完全切合中国建设初期实际情况的新学制。新学制的基本精神是：确定劳动人民和工农干部教育在各级学校教育系统中的重要地位，保证劳动人民有受教育的机会，确定专业教育的重要地位，规定了各级各类训练班、补习学校和政治学校的地位，以便不断地供应国家建设所需要的人才；小学改行五年一贯制，使城乡劳动人民的子女都能够受到完全的初等教育。此外各级各类学校系统又是互相衔接，彼此沟通，可以逐步做到条条大道通大学。全体人民，只要自己努力，谁都有受高等教育的机会。

第二，是所有教育设施都向工农劳动人民开门。为了使教育事业真正成为人民大众的教育，各级学校都贯彻了向工农开门的方针，尽量给工农青年以入学的方便。并且特别创办了工农速成初等学校、工农速成中学、工人政治学校和中国人民大学，吸收工农干部和产业工人入学。目前全国初等学校学生中，工农成分已达到百分之八十以上；中等学校学生当中，工农成分已达到百分之六十左右；高等学校学生中，工农成分已达到百分之二十以上。这都是中国历史上空前未有的现象。

第三，是教师思想的改造。由于马克思列宁主义毛泽东思想教育的发展，各级学校教师为了"把更好的东西贡献给劳动者"，正在响应毛主席的号召，广泛地掀起了自我教育的思想改造运动，学习新思想、新观点、新方法，批判旧思想、旧观点、旧方法，用批评与自我批评的方法，追求真理，修正错误，划清了敌我界限。经过这次学习运动，人民教师的队伍是更加纯洁了，工作积极性更高了。现在大家正自觉地学习苏联的先进教育经验，结合着中国的实际情况，改订各种教学计划、各科教学大纲和进一步地改编各科教材，进一步地改革教育内容和教学方法，并已经有了初步的成就，这就保证了人民教育的质量将继续提高。

第四，是学校的院系的调整。为了消灭旧中国在学校设置分布和科系分工上那种无政府状态和脱离实际的情况，使人民教育事业更有效地为国家建设服务，三年来，人民政府曾有重点地进行了高等学校院系的调整工作。今年可以基本上完成全国工学院、农学院、师范学院、综合大学和工业技术学校的调整工作。高等工业学校将由三十一所扩充到四十七所，农林院校将由十八所扩充到三十三所，师范院校将由三十所扩充到三十四所，医药院校将由二十九所扩充到三十二所。经过调整之后，全国高等学校工科的比重将大大地提高。在一九四六年国民党反动统治时期，全国高等学校工学院的学生只占百分之十八点九，今年暑假后，工学院学生人数达到高等学校学生总数的百分之三十五点四，占各科学生数的第一位。中等工业技术学校招生名额占中等专业学校招生名额的百分之三十八以上，也是占第一位。这样的改变，就为我们国家的工业化，在培养技术人才方面，创造了良好的条件。

第五，是提高了教师和学生的政治地位，改善了他们的生活状况。在新中国，凡是愿意为人民服务的教师，都受到了政府的尊重和人民的敬爱；青少年学生，更是被看做新中国的希望，而受到人民政府的关怀。他们普遍地建立了自己的群众性的组织——教育工会或学生会，各级人民政府和人民代表会议都有他们的代表参加，他们以国家主人翁的地位，广泛地、自由地参加了社会政治生活。关于教师和青年学生的生活待遇，今年，随着国家财政经济情况的根本好转，又普遍地进行了调整和提高。各级学校教师的平均工资标准，和去年比较，高等学校教师工资增加了百分之十八点六，中等学校教师工资增加了百分之二十五点五，初等学校教师工资增加了百分之三十七点四。同时大大增加了中等以上学校学生的人民助学金。所有中等技术学校、师范学校和高等学校的学生，百分之百每月都得到人民助学金；工农干部和产业工人入学的，每人每月发给数量较多的人民助学金。这样不仅做到了中等技术学校、师范学校和高等学校全部学生的伙食费都由国家供给，还可以解决他们其他生活费用的问题。因此，现在的学生和教师们，可以为了祖国的建设、为了人民的福利、为了人类更美好的将来而安心地学习和工作了。

三年来，我们根本改变了旧中国半殖民地、半封建的教育状况，整个国家的教育机关和教育事业，已经是完全属于人民，成为为人民服务的工具了。这样就促进了全国人民精神生活的根本变化。一个普通的人民，也认清了谁是中国人民最凶恶的敌人，谁是中国人民最忠实的朋友。反对帝国主义侵略，反对封建反动势力，团结国际友人，用自己的劳动创造独立、和平、民主、自由的美满生活，这种思想，这种信心，已经在广大群众的心里生了根。成千上万的，一向不识字的工人、农民、劳动妇女，今天已能看报、读书，广泛地参加了社会活动；几万高级建设人才，几十万中级建设人才，已经从学校里毕了业，按照国家的需要和个人的才能，在人民政府统一分配下，自觉地走上了祖国建设的岗位。解放了的中国人民，丰富的创造力得到了自由的发展，英雄模范到处涌现。

三年来，组织起来的亿万人民的创造力量，从事和平的建设性的劳动的成就，是惊人的。在旧中国的时代里，帝国主义和反动统治势力，亲手制造了中国人民的"贫困"和"愚昧"，他们回过头来又嘲笑中国人民"文化落后"，那种时代是永远不会再来了。

中国人民教育事业的发展和成就，充分地证明了新民主主义制度较之资本主义制度的优越性，也证明了人民民主政权有着如何强有力的生命力。现在，我们的国家正准备开展大规模的、有计划的经济建设和文化建设。我们的国家一定要走向工业化。随着经济建设高潮的到来，无疑将出现一个空前的文化高潮，今后教育建设的任务，是更加艰巨的。让我们全国教育工作者和全体人民一道，更加团结努力，为了完成国家所交付我们的光荣任务，为了建设更加强盛的伟大祖国，为了巩固亚洲和世界的和平而奋斗吧！

（原载于《人民日报》1952 年 9 月 24 日）

献给人民小学教师

　　小学教师是掌握基础教育的权威，儿童的正确思想、知识和道德的基础都是由你们给他们打下来的。因此，我们可以肯定地说：小学教师和大学教师不但在社会地位上毫无区别，而且小学教师的群众还比大学教师多得多；这是小学教师值得自己骄傲的。

　　作为毛泽东时代的人民小学教师，尤其值得骄傲。因为无数的社会主义、共产主义的小战士，将在你们的教育下产生出来。

　　人民小学教师的责任是重大的，必须在政治思想、文化知识、教育科学的水平和各方面不断地提高，才能保证你们工作胜任愉快。但是不可讳言的，目前大部分小学教师的政治思想、文化知识、教育科学水平还不能适应毛泽东时代的教育的要求；因此，提高教育工作的质量，是今后小学教师长期奋斗的任务。提高了你们的政治思想、文化知识和教育科学水平，教学工作的质量也自然愈加精粹，那就有把握完成人民给你们的崇高光荣的任务了。

　　提高的关键，是决定于教师们的自觉和决心，首先是以全心全意为人民服务的决心。有了自觉的全心全意为人民服务的决心，就能安心在岗位上挤出时间，按照政府领导教师业余学习的方针计划，通过各种业余学习组织（包括夜校、星期学校、函授学校等）和教师们互相帮助、督促，是可以完全达到目的的。

（原载于《小学教师》1952 年创刊号）

高等教育的方针、任务问题

同志们：

中央高等教育部成立迄今已有一个多月了，本来早就想请大家来谈谈，因为正值政务院文化教育委员会召开大行政区文委主任会议，讨论和制订今年文教工作计划，部里也忙于做计划，以致未能及早邀请大家。现在关于一九五三年教育工作的方针任务，以及一九五三年教育建设计划要点，都已大致确定下来，亟须向大家传达部署，以便共同研讨，贯彻实施。

现在，首先让我来谈一谈三年来教育工作总的情况：

三年来全国教育进行了巨大的恢复、改革和调整工作，成绩是很大的，发展也是很快的。以一九五二年与一九四九年比较，高等学校学生增加了百分之六十九，中等学校学生增加了百分之一百四十二，小学生增加了百分之一百零一。一九五二年全国高等学校教职员已有百分之九十一进行了思想改造，基本上肃清了封建、买办、法西斯主义思想，划清了敌我界限，并批判了腐朽的资产阶级思想，初步建立了工人阶级的思想领导。全国高等学校已有四分之三进行了院系调整，开始有计划地设置专业科系，开始改变着教育脱离实际的现象，教学内容逐步走向适应国家建设的需要。这些，都说明了我们三年来的教育工作，基本上已完成了进入国家大规模建设的准备工作。

不能否认，三年来教育工作还存在着一些严重的缺点：首先是工作计划性不够，盲目性很大。究竟哪些应该多做？哪些应该少做？哪些方面需要用较大的力量？哪些可以少花些力量？这些问题都没有很好地考虑，因而表现出一种平均使用力量，盲目发展的现象。

在过去，教育工作中注意数量而不讲求质量的倾向也是严重的。各级学校学生数字发展很多，但在教学质量上则不相称。去年录取的大学生有不少的人只考二十分，入学以后有相当数量的学生跟不上班。在去年调整院系推行教学改革以前，一般高等学校的培养干部目标不够明确，教学内容也依旧是脱离实际的。这说明我们在工作中存在着相当严重的不重视质量，盲目追求数量的形式主义倾向。

我们工作中还存在着缺乏具体领导、偏于一般号召的官僚主义作风。如学习苏联先进经验，进行教学改革，是中国高等教育的一次革命，是重大事件，但我们的组织领导未跟得上。由于准备不足、计划不够、具体组织工作薄弱，因而影响了应有的效果，在学校教学上产生了一些忙乱现象。我们对各学校的检查工作也不深入，对下面的情况未能很好地掌握，问题解决不及时，调查研究工作不健全，基本数字不精确，这些都造成今天制订计划的很大困难。

以上这些主要缺点，我们今后必须大力克服，各高等学校负责同志也要特别注意。

由于我们三年来的努力，已经给我们开始有计划地进行教育建设创造了必要的条件和基础，同时也由于三年来工作中存在以上的缺点，我们今后有计划地进行教育建设时，便必须加倍努力去克服这些缺点，才能顺利完成今后的任务。

从今年起，国家大规模的、长期的、有计划的建设开始了。教育建

设为经济建设服务，首先要为国家工业化服务。文教建设计划要从国家
经济发展、人民生活、国家财政力量以及学生来源、师资情况等各种根
据、条件来规定，就是说照顾"需要"与"可能"来提出。经过近两
个月的紧张工作，中央已将一九五三年的教育建设计划大体确定下来，
计划的根据、条件虽不完全精确，但大体还切合实际。今后，我们应该
按计划办事，哪些要办，哪些少办或不办，用多少钱，哪些多花或少
花，都在计划中体现出来，我们不能够也不应该随便行事了。计划要完
成而且要求提高质量，要求少花钱、多办事。我们应该很好地使用力
量，培养合格的干部。自然，现在计划可能不完善、有缺点，但必须在
实际执行中来考验，亦只有在切实贯彻执行中，才能确实发现缺点、修
正缺点。

下面我将一九五三年全国高等教育建设的方针、任务、发展重点、
事业计划要点及执行这个计划时应该注意的问题，扼要地向大家谈谈。

一九五三年全国建设事业是在继续加强抗美援朝的情况下进行的。
根据"边打边建"的情况，根据过去教育工作中严重存在着重量不重
质的倾向，斟酌国家建设的需要与当前各种条件，中央确定一九五三年
教育建设应该贯彻"整顿巩固、重点发展、保证质量、稳步前进"的
方针，具体任务应是以加强思想政治教育、采取积极而又妥善的步骤、
学习苏联先进经验、进行教学改革、提高教学质量为中心环节。我以为
这是完全正确的。根据这个总的工作方针和任务，我们必须大力进行如
下工作：

（一）继续进行高等学校教师思想改造工作。去年没有进行过思想
改造学习运动的学校，今年要继续完成。所有教师应该在初步思想改造
的基础上，进一步有系统地进行马克思列宁主义、毛泽东思想的学习。
不少学校已经组织了学习苏联共产党第十九次代表大会文件及斯大林
《苏联社会主义经济问题》《论马克思主义与语言学问题》和毛泽东

《实践论》《矛盾论》等文件，接着应该结合其他辩证唯物论与历史唯物论等理论学习，继续深入钻研上述文件，通过这些学习，我们现有教师的思想水平将会得到提高。在业务上则采取各种组织形式与方法，加强在职教师的进修，加强学校教学研究组的工作。应该着重指出，思想改造、理论学习与教学业务不是对立的，相反，只有思想提高并把它贯彻到教学业务中去，我们的教学工作才能够搞好。有的人把教学改革简单地认为"换一换苏联教材教法就够"的想法是不正确的。

（二）当前和今后数年中，高等教育发展中最大的困难问题是师资缺乏。怎样解决呢？除了团结、改造、提高现有教师而外，必须大力进行选拔和培养新师资。今年我们将请求中央多留高等学校毕业生，担任助教和培养研究生，使之成为我们高等学校教师中的新生力量。

（三）积极完成高等和中等专业教育（首先是工科专业教育）的改革，使之能更有效地担负起培养国家建设人才的任务。我们将在今年作到基本上完成高等学校的院系调整及高等工科学校专业设置的调整工作，重点试办高等函授教育及夜大学，大力进行中等技术学校（主要是中等工业技术学校）的调整整顿工作，以求在巩固的基础上作适当的发展。

（四）有步骤地贯彻工农速成中学附设于高等学校作为高等学校预备班的决定，实行分类的教学计划，尽可能地吸收产业工人、劳动模范入学，以期逐渐使我们高等学校学生中的工农成分比重增加。目前，有许多附设于高等学校的工农速成中学还办得不够好，这自然有许多方面的原因，但高等学校领导人重视不够，用力不够是主要的。希望各位注意。

（五）系统地学习苏联先进的教育建设经验。在这方面各校已程度不同地获得成绩，但由于准备不足，也发生了些毛病，前面讲过了。其中教学计划和教材问题，我们正在用力解决，将把已编译的各种专业的教学计划和教学大纲，根据具体情况，在大家合作及在苏联专家帮助下加以修订，使之更加适合于中国高等学校的实际情况；统一组织力量，有重点、有计划地翻译苏联教材，今年预定翻译工科、理科以及少数其他科类的教材约二百种，为贯彻教学改革创造条件。如果能多得到原本及翻译，印刷力量可能的话，还更争取多译。

下面扼要谈谈今年高等教育事业计划的要点。

教育建设要服务于经济建设。经济建设的重点是工业，工业的建设重点是重工业。这就很显然地规定了我们高等教育和中等技术教育应以培养高等和中等的工矿交通等技术人才为首要重点。其次为适应重点发展的需要，必须有重点地培养师资。为适应增进广大干部群众健康之需要，必须注意培养卫生人才。发展是有重点的，"百废俱兴"必致"一事无成"。发展速度是按现在基础条件来确定的，必须保证办好，只顾需要，不看可能，或重量而不重质，都是不对的。分别缓急，保证质量，是今年教育事业计划的总要求。当然不是说其他非重点的学校和系科就可以不去注意，不要办好了，这样认识也是不对的。我们各方面都要发挥力量，都要完成计划的要求。今年高等学校的发展数字和比例如下：

一九五三年全国高等学校发展百分之八点九，共招新生七万人。其比例为：工科今年招生三万人，占招生总数百分之四十二点八六；高等师范今年招生一万八千三百人，占招生总数百分之二十六点一四；卫生今年招生七千二百人，占招生总数百分之十点二九；理科今年招生四千五百人，占招生总数百分之六点四三；农林今年招生三千二百人，占招生总数百分之四点五七；文科今年招生三千人，占招生总数百分之四点二八；艺术今年招生三百人，占招生总数百分之零点四二；财经今年招生二千人，占招生总数百分之二点八六；政法今年招生七百人，占招生总数百分之一；体育今年招生八百人，占招生总数百分之一点一四。

今年高等教育事业计划尚未经中央最后核定，故可能还有一些变动；但已经中央文委及国家计划委员会的审核，大致定下来，不会有大变动。现在我们就要根据这个计划进行工作。

同志们，从无计划到有计划，到按照计划办事，从盲目发展到根据需要与可能条件按照一定比例发展，这对我们是一个新的课题，在领导思想上需要有一个大的转变，或者说是一个根本的转变。就是说：必须克服盲目性、自发性，坚决贯彻计划性；不能想干什么就干什么，想做多少就做多少。必须克服本位主义，树立与加强全局观点，任何一方面如果强调本位的局部利益，任便行事，就会破坏整体计划。反对片面追求数量，要求保证质量。尤须爱惜人力物力，发掘潜在力量，有效地发挥工作效能。必须大力改进领导，从高教部起以至各院校，都要切实执行毛主席的指示：克服官僚主义，大力改进领导方法和领导作风。必须加强调查研究与深入检查工作。建立严格的表报制度，切实执行请示报告制度，以贯彻执行计划。各校负责人要经常而有计划地进行检查教学工作。建立正规工作制度，克服忙乱或混乱现象，经常而有领导地发扬师生间批评与自我批评，积极推广学校中各种先进的教学工作经验，这样才可以有效地改进教学内容和教学的方法，提高教学效率与质量，增进师生团结合作。

同志们，要办好高等教育，不仅高等教育部领导上有责任，所有高等学校的全体师生都应明确认识，积极负责，齐一步骤，共同努力。这样我们才能完成国家交给我们的光荣任务。

（原载于《人民教育》1953 年第 4 期）

马叙伦著述年表[*]

1902 年

1.《史学总论》，《新世界学报》第 1 期，署名仁和马叙伦夷初。

2.《新物理学》，《新世界学报》第 2、7、8 期。

3.《史学问答》（续第 1 期），《新世界学报》第 3 期，署名仁和马叙伦夷初。

4.《战谑》，《新世界学报》第 3 期，署名仁和马叙伦夷初。

5.《古希腊两大教育家列传》，《新世界学报》第 4 期。

6.《中国无史辨》，《新世界学报》第 5、9 期。

7.《女子教育平议》，《新世界学报》第 5 期。

8.《原侠》，《新世界学报》第 6 期。

9.《印度宗教兴革论》，《新世界学报》第 6 期。

10.《农史》，《新世界学报》第 7 期。

11.《印度婆罗门教发达小史》，《新世界学报》第 7 期，署马叙伦译。

---

* 马叙伦著述年表由卢礼阳整理提供。

12.《古罗马两大豪杰传》,《新世界学报》第 8 期。

13.《儿童教育平议》,《新世界学报》第 9 期。

14.《世界三特力》,《新世界学报》第 9 期。

1903 年

15.《明季侠士毛公列传》,《新世界学报》第 11 期。

16.《说死》,《新世界学报》第 11、12 期。

17.《日儒加藤氏之宗教新说》,《新世界学报》第 11 期。

18.《中国工界》,《新世界学报》第 11 期。

19.《罪法》,《新世界学报》第 12 期。

20.《桑木氏哲学概论》,《新世界学报》第 13 期。

21.《改文字议》,《新世界学报》第 13 期。

22.《兵奴》,《新世界学报》第 14 期。

23.《政教分合论》,《新世界学报》第 15 期。

24.《宋爱国士岳文二公传》,《新世界学报》第 15 期。

25.《二十世纪之新主义》,《政艺通报》第 2 卷第 14 期。

26.《史界大同说》,《政艺通报》第 2 卷第 15 期。

27.《中国民族主义发明家黄梨洲先生传》,《政艺通报》第 2 卷第 17 期。

28.《救中国必先自治论》,《政艺通报》第 2 卷第 17 期。

29.《说德》,《政艺通报》第 2 卷第 22 期。

1904 年

30.《送杜杰风之汕头岭东报社序》,《政艺通报》第 3 卷第 5 期,署名仁和马叙伦。

1905 年

31.《古政述微》,《国粹学报》第 1 卷第 1、2 期,署名啸天子。

32.《啸天庐古政通志》,《国粹学报》第 1 卷第 3、5、7 期。

33.《啸天庐政学通义》,《国粹学报》第 1 卷第 9、12 期。

1906 年

34.《孔氏政治学拾微》,《国粹学报》第 2 卷第 1、3、5、6、9 期。

35.《宋徐正节先生传》,《国粹学报》第 2 卷第 5 期。

36.《游景星山宾旸洞题记》,后收录于《天马山房文存·外篇》。

37.《方召传》,《国粹学报》第 2 卷第 6 期。

38.《记郑涛诗祸事》,《国粹学报》第 2 卷第 6 期。

39.《史学存微》,《国粹学报》第 2 卷第 7 期。

40.《啸天庐搜幽访奇录》,《国粹学报》第 2 卷第 7、13 期,首篇署名西泠逸民。

1907 年

41.《孔氏政治学拾微》,《国粹学报》第 3 卷第 1 期。

42.《啸天庐搜幽访奇录》,《国粹学报》第 3 卷第 1、7 期。

43.《书体考始》,《国粹学报》第 3 卷第 4、5 期。

44.《论性》,《国粹学报》第 3 卷第 8、9、10 期。

1908 年

45.《论性》(二),《国粹学报》第 4 卷第 2、4、6 期。

46.《冒暑重寻九溪十八涧记》,后收录于《天马山房文存·外篇》。

47.《周都司传》,后收录于《天马山房文存·外篇》。

48.《童疯子传》,后收录于《天马山房文存·外篇》。

49.《外王考邹公遗事状》,后收录于《天马山房文存·外篇》。

50.《王考事略》,后收录于《天马山房文存·外篇》。

51.《亡弟效伦哀述》,后收录于《天马山房文存·外篇》。

1909 年

52.《亡儿龙骧权厝志》,后收录于《天马山房文存·外篇》。

53.《显考行述》，后收录于《天马山房文存·外篇》。

54.《从兄晋生君权厝铭》，后收录于《天马山房文存·外篇》。

1910 年

55.《李知县传》，后收录于《天马山房文存·外篇》。

56.《召试经济特科平阳宋君别传》，后收录于《宋恕集》下册。

1911 年

57.《百字令》，后收录于《马叙伦诗词选》。

58.《蒋骥传》，后收录于《天马山房文存·外篇》。

1913 年

59.《石屋馀瀋》，陆续刊载于《时事新报》，约 90 则。

60.《嚼梅咀雪盦笔录》，陆续刊载于《时事新报》，不下 47 则。

61.《唐风集跋》，后收录于《天马山房文存·外篇》。

62.《公祭沈子惇先生文》，后收录于《天马山房文存·内篇》。

1914 年

63.《儒学论》，《孔教会杂志》第 1 卷第 12 期。

1915 年

64.《浣溪沙》，后收录于《马叙伦诗词选》。

65.《为外王母请褒扬状》，后收录于《天马山房文存·外篇》。

1918 年

66. 马叙伦著：《古书疑义举例札迻》，铅印本。

67. 马叙伦著：《唐写本经典释文残卷校语补正》，铅印本。

68. 马叙伦著：《庄子札记》，北京：北京大学出版部。

69.《读书小记》，陆续刊载于《北京大学日刊》和《北京大学日刊》附张。

1919 年

70.《读书小记》，陆续刊载于《北京大学日刊》。

71.《释〈新潮〉中评〈庄子札记〉》，《北京大学日刊》第 290、291、292 期。

72.《清史零拾》，陆续刊载于《北京大学日刊》附张。

73.《读书续记》，陆续刊载于《北京大学日刊》。

74.《读书续记》卷第二，陆续刊载于《北京大学日刊》。

75.《读书续记》卷第三，陆续刊载于《北京大学日刊》。

76.《列子伪书考》，《国故月刊》第 1、2、3 期。

77.《读书小记再续》，《国故月刊》第 1、2、3、4 期。

78.《说文解字六书疏证》，《国故月刊》第 2、3 期。

1920 年

79.《以国民大会解决时局之商榷》，《民心周报》第 1 卷第 42 期。

1921 年

80.《弥近理而大乱真的政府维持教育的办法》，《教育丛刊》第 2 卷第 3 集，署名夷初。

81.《读书续记》卷第四，陆续刊载于《北京大学日刊》。

1922 年

82.《马彝初整顿教育之意见》，《民国日报》1 月 5、6、7 日，署名马彝初。

83.《实际教育调查社讨论会所闻记》，《新教育》第 5 卷第 1—2 期。

84.《〈国立北京医学专门学校十周纪念册〉序》，收录于《国立北京医学专门学校十周纪念册》。

1923 年

85.《〈新著国语文学史〉序》，收录于凌独见著：《新著国语文学史》，上海：商务印书馆。

1924 年

86. 马叙伦著：《老子覈诂》（四卷），北京：景山书社。（1956 年 7 月古籍出版社出版修订本时，始称《老子校诂》。）

87.《读书续记》卷第五，陆续刊载于《北京大学日刊》。

88.《丁竹筠先生传》，《北京大学日刊》第 1497 期。

89.《毛诗正韵后序》，《北京大学日刊》第 1497 期。

90.《读书续记》卷第六，陆续刊载于《北京大学日刊》。

91.《军阀宰制底下的教育家的精神和工作》，《新民国》第 1 卷第 3 号，署名马夷初。

92.《六书之商榷》，《国文学会丛刊》第 1 卷第 2 号。

93.《女学纪闻——女权运动之根本问题》，《国际公报》第 49 期。

1925 年

94. 马叙伦著：《天马山房丛著》（包括《庄子年表》《庄子佚文辑录》《邓析子校录》《列子伪书考》《修辞九论》《天马山房文存》）。

95.《读书续记》卷第七，陆续刊载于《北京大学日刊》。

96.《天马山房丛书总目》，《北京大学日刊》第 1768 期。

97.《关税自主与关税会议》，《民生周刊》第 2 卷第 2 号。

1926 年

98.《致国务院函》，《时报》3 月 15 日。

99.《马叙伦因愤段惨杀学生辞职书》，《时报》3 月 30 日。

100.《马叙伦因惨案辞职书》，《京报》3 月 24 日。

101.《清人所著说文之部书目初编草稿》,《图书馆学季刊》第 1 卷第 1 期。

102.《对于英国处置庚款办法之宣言》,《四川教育公报》第 1 卷第 6 期,署马叙伦、陶行知等 22 人名。

103.《马叙伦先生讲演佛法》,《海潮音》第 4、5 期合刊。

1927 年

104. 马叙伦著:《中国文字之构造法》,上海:上海暨南大学。

105.《宿厦门大学》,后收录于《马叙伦诗词选》。

1928 年

106.《王阳明先生年谱校录》,《浙江图书馆报》第 2 卷。

107.《马叙伦谈北大学潮》,《新晨报》12 月 14 日。

1929 年

108. 马叙伦著:《说文解字研究法》,上海:商务印书馆。

109.《办学者之根本要素》,《江西教育公报》第 3 卷第 5 期。

110.《中华民国教育宗旨》,《山东教育行政周报》第 40 期。

1930 年

111. 马叙伦著:《读两汉书记》,上海:商务印书馆。

112. 马叙伦著:《庄子义证》,上海:商务印书馆。

113.《寄汤尔和辽宁》,后收录于《马叙伦诗词选》。

114.《准园寿苏记》,《东南日报》金石书画副刊 2 月 2 日。

1931 年

115. 马叙伦著:《六书解例》,上海:商务印书馆。

116. 马叙伦著:《读吕氏春秋记》,上海:商务印书馆。

117. 马叙伦著：《读书小记》，上海：商务印书馆。

118. 马叙伦著：《读书续记》，上海：商务印书馆。

119.《大学》，《北大学生周刊》第1卷第10期。

120.《论请愿书》，收录于《北大学生周刊》编辑委员会编印：《北大卅三周年纪念特刊》。

121.《召试经济特科平阳宋君别传》，《国学丛编》第1卷第4期。

122.《陈先生墓表》，《国学丛编》第1卷第4期。

123.《古书疑义举例校录》，收录于俞樾著：《古书疑义举例》，上海：大东书局。

1932 年

124.《文心雕龙黄注补正》，《文学月报》第3卷第1期。

1933 年

125.《石鼓为秦文公时物考》，《国立北平图书馆馆刊》第7卷第2号。

126.《石鼓文疏记引辞》，《国立北平图书馆馆刊》第7卷第6号。

1934 年

127.《令矢彝》，《国立北京大学国学季刊》第4卷第1号。

128.《陈先生墓表》，《瓯风杂志》第5期。

129.《石鼓文释文序》，《图书馆学季刊》第8卷第2期。

130.《说文古籀三补序》，《图书馆学季刊》第8卷第3期。

1935 年

131. 马叙伦著：《石鼓文疏记》，上海：商务印书馆。

132.《读金器刻识》，《国立北京大学国学季刊》第5卷第1号。

133.《南武讲学录》（第1期），《瓯风杂志》第13期。

134.《奠陈介石师文》,《瓯风杂志》第 15、16 期合刊。

135.《郑夫人七十寿辞》,《瓯风杂志》第 19、20 期合刊。

136.《象山纪子庚先生墓志铭》,后收录于象山县政协文史资料委员会编:《象山文史资料》第 1 辑(1986 年版)。

1936 年

137.《北平文化界救国会第一次宣言》,《大众生活》第 1 卷第 14 期。

138.《马叙伦演讲国难》,《小民报》6 月 16 日,署马叙伦、白鹏飞等人名。

1937 年

139.《马叙伦泣启》,《东南日报》1 月 28 日。

140.《八月五日自杭州来上海翌日瑞儿来视云即将赴河北山西为后方救护》,后收录于《马叙伦诗词选》。

141.《跋〈石鼓文研究〉》,《东方杂志》第 34 卷第 18、19 期合刊。

142.《廿六年十二月廿八日夜梦见亡友黄晦闻作》,后收录于《马叙伦诗词选》。

1938 年

143.《廿六年除夕》,后收录于《马叙伦诗词选》。

1939 年

144.《说文解字六书疏证摘记》,《说文月刊》第 1 卷第 4 期。

145.《柬陈公博》,后收录于《马叙伦诗词选》。

1940 年

146.《廿八年除夕》,后收录于《马叙伦诗词选》。

147.《垂老》,后收录于《马叙伦诗词选》。

148.《春日偶憩兆丰公园》,后收录于《马叙伦诗词选》。

149.《挽林攻渎》，后收录于《石屋馀瀋》。

150.《六书疏证摘记》，《说文月刊》第 2 卷第 6、7 期合刊。

151.《汤尔和晚节不终》，后收录于《石屋馀瀋》。

152.《读金器刻词卷》（上），上海《学林》第 2 辑。

153.《雷川世姻丈七十》，后收录于《马叙伦诗词选》（题作《寿吴雷川丈七十》）。

1941 年

154.《读金器刻词卷》（中），上海《学林》第 3 辑。

155.《读金器刻词卷》（下），上海《学林》第 4 辑。

156.《中国文字之原流与研究方法之新倾向》，上海《学林》第 6、7、8 辑。

157.《说命》，上海《学林》第 9 辑。

1942 年

158.《殷虚书契前编所见许氏说文解字所无之字》（稿本藏北京国家图书馆）。

159.《何缘之悭》，《党有情》第 78—80 期。

1943 年

160.《夏丏翁羊毛婚倡和诗·马夷初先生和作》，《万象》第 3 卷第 3 期。

1945 年

161.《张孟劬挽歌》，后收录于《马叙伦诗词选》。

162.《挽马幼渔》，后收录于《马叙伦诗词选》。

163.《八月十日夜闻日本允降》，后收录于《马叙伦诗词选》。

164.《惩奸》，《周报》第 2 期。

165.《读了国民大会代表联谊会宣言以后》，《周报》第 10 期。

166.《久违了》,《周报》第 15 期,署名夷初。

167.《怎样结束昆明惨案》,《周报》第 15 期。

168.《高等教育如何改进》,《周报》第 16 期。

169.《政治协商会议的暗礁》,《周报》第 17 期。

170.《思想解放》,《民主》周刊创刊号。

171.《肃清贪冒是实现民主政治的前奏》,《民主》周刊第 3 期。

172.《和平需要武力做保障吗》,《民主》周刊第 5 期。

173.《国民的责任应该说话》,《民主》周刊第 8 期。

174.《再说些老百姓的话》,《民主》周刊第 9 期。

175.《走上民主的路吧!》,《民主》周刊第 11 期。

176.《一个重要的建议》,《民主》周刊第 11 期,署名伦。

177.《写在政治协商会议以前》,《民主》周刊第 12 期。

178.《给美国人民的公开信》,《民主》周刊第 12 期,署马叙伦、郑振铎等 61 人名。

179.《吴雷川先生传》,上海《前线日报》11 月 10 日。

180.《文化界发表宣言:要求言论及出版自由》,《大公报》11 月 22 日,署马叙伦、金仲华等 103 人名。

181.《怎样收拾人心》,《大公报》12 月 2 日。

182.《上揖灵均,下攀柴桑草堂》,后收录于吴无闻编:《夏承焘教授纪念集》,北京:中国文联出版公司(1988 年版)。

183.《我们对于处置敌日在华商人的意见》,《新文化》半月刊创刊号,署马叙伦、周建人、郑振铎等 39 人名。

184.《新时代与新道德》,《新语》半月刊第 3 期。

185.《庄子与哲学》,《时代精神》第 13 卷第 3 期。

1946 年

186. 马叙伦著:《马叙伦言论集》,临沂:山东新华书店。

187.《实现民主是每一个国民的责任》,《文汇报》(元旦增刊) 1 月 1 日。

188.《胜利中国的瞻顾》,《文汇报》1 月 6、7 日,署马叙伦、柳亚子等 8 人名。

189.《写在政治协商会议开幕之初》,《文汇报》1 月 13 日。

190.《敬师运动和尊师运动》,《文汇报》5 月 5 日。

191.《这是什么算盘?》,《文汇报》5 月 10 日。

192.《竟要干下去》,《文汇报》5 月 12 日。

193.《由人民来解决"内战"》,《文汇报》5 月 24 日。

194.《函谢各界慰劳馈赠——赠金决移助上海人民团体联合会 即以此款用诸社会事业以广仁风》,《文汇报》7 月 14 日,署名马叙伦、雷洁琼、阎宝航。

195.《人民自己来解决》,《文汇报》8 月 1 日。

196.《写在文汇报复刊周年》,《文汇报》9 月 6 日。

197.《熻火偏争赤日明》,《文汇报》12 月 7 日。

198.《且看再一度的政治攻势》,《文汇报》12 月 14 日。

199.《和平粉碎制宪失却基础 违反政协妄谈民主团结》,《文汇报》12 月 15 日。

200.《再论第三方面与民主阵线并质民主同盟》,《文汇报》12 月 28、29 日。

201.《写在政治协商会议开幕以前》,《民主》周刊第 14 期。

202.《统一和一统》,《民主》周刊第 14 期,署名伦。

203.《马歇尔被窃》,《民主》周刊第 15 期,署名伦。

204.《团拜和朝贺》,《民主》周刊第 15 期,署名伦。

205.《关于国民大会最后的饶舌》,《民主》周刊第 16 期。

206.《写在政治协商会议闭幕以后》,《民主》周刊第 17 期。

207.《为黄任之先生的来》,《民主》周刊第 18 期。

208.《重庆有我们的中央政府么?》,《民主》周刊第 18 期。

209.《对于校场口惨案再说几句》,《民主》周刊第 19 期。

210.《说说因东北问题而起的学生运动》,《民主》周刊第 20 期。

211.《写在国民党二中全会的期内》,《民主》周刊第 21、22 期合刊。

212.《当前一个严重问题》,《民主》周刊第 23 期。

213.《我们不是争取民主的口号》,《民主》周刊第 24 期。

214.《反对不民主的上海市参议会》,《民主》周刊第 25 期。

215.《应该由人民来打开这个混乱的局面》,《民主》周刊第 26 期。

216.《国民党反民主的证实》,《民主》周刊第 27 期。

217.《敬尽最后的忠告于国民党》,《民主》周刊第 28 期。

218.《歇手罢! 想想可怜的人民》,《民主》周刊第 29 期。

219.《四贤哀词》,《民主》周刊第 29 期,署名伦。

220.《在内战中还都》,《民主》周刊第 30 期。

221.《关于"警员警管区制"》,《民主》周刊第 31 期。

222.《所望于新市长的》,《民主》周刊第 32 期。

223.《答问时事》,《民主》周刊第 33 期。

224.《警员警管区制到底是什么一回事?》,《民主》周刊第 34 期。

225.《时事索隐》,《民主》周刊第 34 期。

226.《蒋先生要听这样的话》,《民主》周刊第 35 期。

227.《上海各界呼吁和平: 马叙伦等 164 人上书蒋主席马歇尔及各党派》(《上蒋主席书》《致马歇尔特使》《致民主同盟及社会贤达》《致青年党》《致中国共产党》),《民主》周刊第 35 期,署马叙伦、陶行知、王绍鏊等 164 人名。

228.《反美与反苏》,《民主》周刊第 36 期。

229.《记六·二三下关事件》，《民主》周刊第 38 期。

230.《玩手段和诚意》，《民主》周刊第 39 期。

231.《和平很有希望的》，《民主》周刊第 42 期。

232.《人民自己来解放吧!》，《民主》周刊第 43 期。

233.《周报被勒停刊了》，《民主》周刊第 44 期。

234.《读了美国特使和大使的声明》，《民主》周刊第 44 期。

235.《拿国家来赌气》，《民主》周刊第 45 期。

236.《逆耳之言》，《民主》周刊第 46 期。

237.《"民主"是封禁不了的》，《民主》周刊第 47 期。

238.《非正式的五人小组会议》，《民主》周刊第 47 期。

239.《中国糟到这样地步谁的责任?》，《民主》周刊第 48 期。

240.《时局中资产阶级的责任》，《民主》周刊第 49 期。

241.《拖塌了国家　骗惯了人民》，《民主》周刊第 50 期。

242.《我们也举行美军退出中国周》，《民主》周刊第 50 期。

243.《美军必须立刻退出中国》，《民主》周刊第 51、52 期合刊。

244.《读美国人费正清论中国时局》，《民主》周刊第 51、52 期合刊。

245.《我们要求政府切实保障言论自由》，《民主》第 51、52 期合刊，署马叙伦、沈钧儒、梁漱溟等 39 人名。

246.《双十文告的评注和后语》，《民主》周刊第 53、54 期合刊。

247.《民主还是封禁不了的!》，《民主》周刊第 53、54 期合刊。

248.《政治协商会议的大礁是什么?》，《周报》第 20 期。

249.《因于再先生的追悼会而回忆》，《周报》第 21、22 期合刊。

250.《中国民主促进会对政治协商会议建议书》，同日刊载于《民主》周刊第 16 期，《周报》第 21、22 期合刊，署马叙伦、王绍鳌、周建人等 11 人名。

251.《新春试笔》两则（《怎样的才算民意?》《如今笑话多》），《周报》第 23 期。

252.《从民变说到保甲制度和民主》，《周报》第 26 期。

253.《蒋主席慰劳父老茶会补记》，《周报》第 27、28 期合刊。

254.《上海市参议会必须改组》，《周报》第 27、28 期合刊。

255.《国民党二中全会闭幕后》，《周报》第 29 期。

256.《戴笠将军的遭难》，《周报》第 30 期。

257.《希望政协不要再让步了》，《周报》第 31 期。

258.《中国人真没出息?》，《周报》第 33 期。

259.《民主是不是真理?》，《周报》第 35 期。

260.《内战还不停止吗?》，《周报》第 37 期。

261.《老百姓在那里》，《周报》第 38 期。

262.《要面临自侮的结果了》，《周报》第 39 期。

263.《一个回忆和感想》，《周报》第 40 期。

264. 在《十五天后能和平吗》(笔谈专辑) 发表谈话，《周报》第 41 期。

265.《主权分割了》，《周报》第 42 期。

266.《南京七日记》，《周报》第 44 期。

267.《记六·二三下关事件后的余感》，《周报》第 45 期。

268.《从李闻案谈到政治暗杀》，《周报》第 48 期。

269.《周报! 总会有再会的日子》，《周报》第 49、50 期合刊。

270.《读蒋主席"八·一三"告全国同胞文》，《周报》第 49、50 期合刊。

271.《胜利一年了》，《周报》第 49、50 期合刊。

272.《〈昌言〉发刊词》，《昌言》创刊号。

273.《还都以后》，《昌言》创刊号，署名伦。

274.《人民的血汗》,《昌言》创刊号,署名伦。

275.《周末几个社会主义者的反战论》,《昌言》第 2 期。

276.《威信都要顾?》,《昌言》第 2 期,署名伦。

277.《一切不顾》,《昌言》第 2 期,署名伦。

278.《只顾主权》,《昌言》第 2 期,署名伦。

279.《从人心说到教育》,《联合晚报》4 月 21 日。

280.《七个荣誉的受伤者表达了他们的意见》(马叙伦等南京下关事件受伤者表达的意见),《联合晚报》6 月 28 日。

281.《我们需要永久和平》(与周建人、林汉达、许广平等分别发表观点),《群众》第 11 卷第 7 期。

282.《努力达到他的志愿》,《群众》第 11 卷第 12 期。

283.《论第三方面与民主阵线》,《群众》第 13 卷第 10 期。

284.《美国定要拿中国做他的附庸国?》,《文萃》第 46 期。

285.《中国愿意做美国的"附庸"?》,《文萃》第 46 期。

286.《再谈谈"明是非 张正气"》,《文萃》第 47 期。

287.《今年的双十节有什么意义?》,《文萃》第 2 年第 1 期。

288.《时局测隐并告第三方面政协代表》,《文萃》第 2 年第 5 期。

289.《替民主社会党可惜》,《文萃》第 2 年第 8 期。

290.《"法统"的鬼祟》,《文萃》第 2 年第 9 期。

291.《蒋主席在"国大"演说》,《文萃》第 2 年第 10 期。

292.《香影楼日札》,发表于《联合日报晚刊》10 月 7、9、10 日。

293.《香影楼日札》,《联合日报晚刊》10 月 7、9、10 日,11 月 2、4、5、6、8、9、10、11、12、16、17、19、20、23、30 日。

294.《香影楼日札》,《联合日报晚刊》12 月 8 日。

295.《二马对谈》(马叙伦、马寅初一同接受采访),《联合日报晚刊》12 月 31 日。

296.《敬为国民党员进几句话》,《正言报》1 月 1 日。

297.《马叙伦来函》,《大公报》2 月 5 日。

298.《东北问题要从内政上解决》,《世界知识》第 13 卷第 6 期。

299.《为"三·一八"写》,后收录于《马叙伦政论文选》。

300.《对于敬师运动的感想》,《时代学生》第 1 卷第 12 期。

301.《怎样消弭学潮》,《教师生活》月刊第 4 期。

302.《瓷器之由来》,《茶话》第 1 期。

303.《中国历史上之民主痕迹和民主思想》,《理论与现实》第 3 卷第 1 期。

304.《中国文字的构造略说(上)》,《科学画报》第 12 卷第 7 期。

305.《下关遇暴后翌日作》,后收录于《马叙伦诗词选》。

306.《香影楼日札》,《时事新报》7 月 5、12 日。

307.《民主自在中国生长》,《中国学术》创刊号。

308.《马叙伦等致函巴黎和会》,《新华日报》8 月 19 日,署马叙伦、朱绍文、郭沫若等 19 人名。

309.《悼昆明民主运动死难斗士》,收录于于再先生纪念委员会编:《一二·一民主运动纪念集》,上海:镇华出版社。

310.《昆明民主运动死难师生挽歌》,收录于于再先生纪念委员会编:《一二·一民主运动纪念集》,上海:镇华出版社。

311.《中美商约的反响一斑》(马叙伦、茅盾等对《中美商约》的意见),香港《民潮》第 3 期。

312.《送茅盾先生游苏》,《华商报·热风副刊》12 月 6 日。

313.《刘三先生传》,后收录于刘三著、陆繁霜辑:《黄叶楼遗稿》,北京:中国人民大学出版社(1996 年版)。

1947 年

314. 马叙伦著:《我在六十岁以前》,上海:生活书店。

315.《美军在华暴行的责任》，《文萃》第 2 年第 14 期。

316.《马歇尔离华的声明》，《文萃》第 2 年第 15、16 期合刊。

317.《想起了祀灶》，《评论报》第 11、12 期合刊，署名夷初。

318.《掩护军事的政治攻势又来了》，《评论报》第 11、12 期合刊。

319.《评"二九"惨案》，《评论报》第 14 期。

320.《马叙伦演讲全文》(为"二九"惨案发声)，《文汇报》2 月 16 日。

322.《给"新社会"说些腐话》，《文汇报》3 月 5 日。

322.《石屋馀渖》，《文汇报》3 月 9 日起连载。

323.《人权保障和保障人权》，《文汇报》3 月 26 日。

324.《中国现代青年之路》，《文汇报》(五四纪念特刊) 5 月 4 日。

325.《政府改组后之"施政方针"》，《时与文》第 7 期。

326.《魏德迈的来去和中国问题的症结》，《时与文》第 2 卷第 2 期。

327.《读普利特"访华观感"》，《时与文》第 2 卷第 7 期。

328.《政府改组后之"施政方针"》，《时与文》第 2 卷第 7 期。

329.《我拿什么来供献给中国现代的青年?》，《现代新闻》(民盟机关刊) 创刊号。

330.《人民需要和平：目前没有看出和平的迹象》，《现代新闻 (上海 1947) 》第 1 卷第 3 期。

331.《从中国文字上看社会和邦国家族的意义》，《大学》月刊第 6 卷第 1 期。

332.《从文字上看官吏的由来》，《大学》月刊第 6 卷第 3、4 期合刊。

333.《闻一多先生殉国一周年》，《大学》月刊第 6 卷第 3、4 期合刊。

334.《我在十八岁以后》，《新文化》第 3 卷第 1、2 期合刊，第 3、

5 期。

335.《马歇尔回国的看法：万变不离宗》，《世界知识》第 15 卷第 3 期。

336.《赠徐伯昕》，后收录于《马叙伦诗词选》。

337.《中小学教师应当注意中国文字的研究》，《国文月刊》第 51 期（开明书店版）。

338.《中小学教师应当注意中国文字的研究（续）》，《国文月刊》第 52 期（开明书店版）。

339.《我们应该纪念"一·二八"》，《群众》周刊第 14 卷第 4、5 期合刊。

340.《我们对莫斯科会议的意见》，《时代日报》3 月 13 日，署马叙伦、张澜、沈钧儒等 56 人名。

341.《〈认识美国〉序》，收录于洛羊著：《认识美国》，上海：洪流出版社。

342.《怎样达到天下一家的路?》，《现实文摘》第 1 卷第 3 期。

343.《唱两句老调子》，《讲座》(油印报) 7 月 1 日。

344.《关于中国文字研究的三个询问》，《读书与出版》第 2 年第 10 期。

345.《对日和约问题的我见》，《大公报》10 月 10 日。

346.《论中国民主同盟的被解散》，《国讯(港版)》（复刊）第 1 卷第 4 期。

347.《研究中国古代史的必须了解中国文字》，《中国建设》第 4 卷第 4 期。

1948 年

348.马叙伦著：《石屋馀瀋》，上海：建文书店。

349.《马叙伦谈：沪工商界公认蒋必垮台》，《华商报》1月3日。

350.《对九龙城事件　李济深马叙伦谈话》，《华商报》1月21日。

351.《从"正名"说到民主国家的叛逆》，《华商报》2月1、2日。

352.《中国人民不会再受骗的》，《华商报》2月24日。

353.《揭穿蒋美和谈阴谋》，《华商报》2月26日，署马叙伦、李济深等人名。

354.《为台湾二月革命周年》，《华商报》2月28日。

355.《争取中层工商界　共同打击这阴谋》，《华商报》3月14日。

356.《这救得了南京独裁政权的命?》，《华商报》3月16日。

357.《我们该大踏步前进》，《华商报》4月20日。

358.《马叙伦为延安重光驰贺毛泽东》，《华商报》4月24日。

359.《各民主党派民主人士通电全国与中共筹开新政协会议》，《华商报》5月6日，署马叙伦、李济深、沈钧儒等12人名。

360.《从中国的自由主义者说到现在的自由主义运动》，《华商报》5月22日。

361.《各民主党派发表反美扶日宣言》，《华商报》6月7日，署马叙伦、李济深、沈钧儒等12人名。

362.《中国学术工作者协会理事　响应中共五一号召　反对美帝扶日侵华》，《华商报》6月23日，署马叙伦、郭沫若等人名。

363.《蒋管区的同胞应该起来　制止独裁者的罪行》，《华商报》7月19日。

364.《华北人民政府成立后民主人士热烈欢迎》，《华商报》9月6日。

365.《卅七年的双十节》，《华商报》10月10日。

366.《做中国人该勇敢地迎接大革命》，《群众》(香港版) 第2卷第3期。

367.《论胡适给周鲠生的一封信》，《群众》（香港版）第 2 卷第 7 期。

368.《读了中共五一口号以后》，《群众》（香港版）第 2 卷第 20 期。

369.《悼许季茀先生》，香港《光明报》半月刊新 1 卷第 1 期。

370.《国际学联代表布列小姐巡视中国归去》，香港《光明报》半月刊新 1 卷第 8 期。

371.《新政协问题笔谈》，香港《光明报》半月刊新 2 卷第 1 期，署马叙伦、罗子为、沈志远等 10 人名。

372.《请看"无耻之尤"的骗话》，《现代华侨》第 1 卷第 10 期。

373.《六二三下关血案的回忆》，香港《星期报》6 月 27 日。

374.《悼冯焕章先生》，后收录于《马叙伦诗词选》。

375.《辛亥革命的追忆》，后收录于《马叙伦政论文选》。

376.《台湾耻政纪念三周年》，后收录于《马叙伦政论文选》。

377.《革命战友的共鸣和鼓励：读"迎接新中国的斗争任务"后》，《中华论坛丛刊》第 2 辑。

378.《评〈中国文字的演变〉》，《文艺复兴》中国文学研究号(中)。

1949 年

379. 马叙伦著：《石屋续渖》，上海：建文书店。

380.《我们对于时局的意见》，《群众》（香港版）第 3 卷第 5 期，署马叙伦、李济深、沈钧儒等人名。

381.《各民主党派、各人民团体的代表人物及其他民主人士李济深、沈钧儒、马叙伦、郭沫若等 56 人联名致电毛泽东主席、朱德总司令，庆祝人民解放战争的伟大胜利》，后收录于政协全国委员会办公厅编：《开国盛典——中华人民共和国诞生重要文献资料汇编》，北京：中国文史出版社（2009年版）。

382.《我们争取的是真和平，不是马虎妥协的和平》，《人民日报》2月3日。

383.《马叙伦等劝告上海同胞：勿上伪南京政府假和平圈套 为全部实现毛主席八项条件而奋斗》，《人民日报》2月6日，署马叙伦、王绍鏊、许广平等6人名。

384.《中共领导革命的成绩，策励我们加紧努力！》，《人民日报》3月1日。

385.《响应世界拥护和平大会 马叙伦等广播演说》（与谭平山、黄炎培等分别发表演说），《人民日报》4月21日。

386.《联名电贺巴黎世界拥护和平大会》，《人民日报》4月21日，署马叙伦、何香凝、章伯钧等10人名。

387.《纪念"七七"抗日战争十二周年》，《人民日报》7月9日。

388.《纪念伟大"八一"建军节》，《人民日报》8月1日。

389.《马叙伦等致各地会员电》（号召会员迎接全国解放），《新华日报（华中版）》2月14日，署马叙伦、王绍鏊、许广平等人名。

390.《声援南洋华侨》，《东北日报》3月26日，署马叙伦、李济深、沈钧儒等13人名。

391.《陪毛主席朱总司令阅兵》，后收录于《马叙伦诗词选》。

392.《我对新民主主义青年团的希望》，《中国青年》第9期。

393.《中国民主促进会首席代表马叙伦在一届政协全体会议上的发言》，后收录于政协全国委员会办公厅编：《开国盛典——中华人民共和国诞生重要文献资料汇编》，北京：中国文史出版社（2009年版）。

394.《马叙伦部长在杭市教育界欢迎会上的讲演》，《浙江日报》12月23日。

395.《马叙伦部长在第一次全国教育工作会议上的开幕词》，后收录于中共中央党校理论研究室编：《历史的丰碑　中华人民共和国国史全鉴9》（教育卷），北京：中央文献出版社（2005年版）。

1950年

396.《庆祝元旦》，《人民日报》1月1日。

397.《我们热烈拥护中苏友好同盟互助条约》，《人民日报》2月16日。

398.《一九五○年三月四日夜毛泽东主席自苏联缔结中苏友好同盟互助条约归抵北京迎之车站口占》，《人民日报》3月7日。

399.《中国民主促进会主席马叙伦的发言》（全国政协一届二次会议上的发言），《人民日报》6月22日。

400.《推广和平签名运动》，《人民日报》7月3日。

401.《在庆祝"八一"建军节反对美国侵略台湾朝鲜示威大会上的演说》，《人民日报》8月2日。

402.《深值庆祝的国庆》，《人民日报》10月1日。

403.《纪念十月革命　学习伟大的苏联》，《人民日报》11月7日。

404.《发扬"一二·九"的光荣传统　中国青年要站在抗美援朝斗争的前列》，《人民日报》12月9日。

405.《第一次全国高等教育会议开幕词》，《人民教育》第1卷第3期。

406.《第一次全国高等教育会议闭幕词》，《人民教育》第1卷第3期。

407.《第一次全国工农教育会议开幕词》，《新华社新闻稿》第107—136期合订本。

408.《为接办辅仁大学发表的书面谈话——十月十二日招待记者时发表的书面谈话》，《新华月报》第3卷第1期。

409.《关于第一次全国工农教育会议的报告》，《新华月报》第3卷第3期。

1951 年

410.《第一次全国中等教育会议的收获（摘要）——在第一次全国中等教育会议上的闭幕词》，《新华月报》第4卷第1期。

411.《关于一九五〇年全国教育工作总结和一九五一年全国教育工作的方针和任务的报告》，《新华月报》第4卷第4期。

412.《第一次全国中等技术教育会议开幕词》，《新华月报》第4卷第6期。

413.《关于政务院公布改革学制的决定的谈话》，《新华月报》第4卷第6期。

414.《两年中体验的一些意见——国庆二周年的献词》，《新华月报》第4卷第6期。

415.《"六六"教师节废除 改用"五一"为教师节 马叙伦部长、吴玉章主席发表书面谈话》，《人民日报》5月1日。

416.《没有共产党就没有新中国——纪念中国共产党建党三十周年》，《人民日报》7月1日。

417.《在第一次全国民族教育会议上的开幕词》，后收录于国家教育委员会民族地区教育司选编：《少数民族教育工作文件选编(一)》，呼和浩特：内蒙古教育出版社（1991年版）。

418.《在第一次全国民族教育会议上的闭幕词》，后收录于国家教育委员会民族地区教育司选编：《少数民族教育工作文件选编(一)》，呼和浩特：内蒙古教育出版社（1991年版）。

419.《马叙伦部长讲词全文》（津沽大学改为国立庆祝会上），《光明日报》9月26日。

420.《第一次全国初等教育及师范教育会议开幕词》，《人民教育》第3卷第6期。

1952 年

421.《关于第一次全国民族教育会议的报告》,《新华月报》2 月号。

422.《关于全国工学院调整方案的报告》,《新华月报》5 月号。

423.《全国农学院院长会议开会词》,《新华月报》9 月号。

424.《加强中苏友谊》,《人民日报》2 月 14 日。

425.《迎接劳动人民的世纪》,《人民日报》5 月 1 日。

426.《胜利永远属于和平的人民——纪念朝鲜抗美战争两周年》,《人民日报》6 月 26 日。

427.《在中华全国体育总会成立大会上的闭幕词》,《人民日报》6 月 26 日。

428.《三年来中国人民教育事业的成就》,《人民日报》9 月 24 日。

429.《胜利接胜利地走向胜利》,《人民日报》10 月 1 日。

430.《马叙伦、吴玉章关于中国文字改革研究委员会成立情况致毛泽东信》,后收录于程文、陈岳军编:《吴玉章往来书信集》,重庆:重庆大学出版社（1993 年版）。

431.《中国文字改革研究委员会成立会开会辞》,《中国语文》第 7 期。

432.《为拯救和平献出我们的最大力量!》,《世界知识》第 35 期。

433.《献给人民小学教师》,《小学教师》创刊号。

1953 年

434.《加紧学习,迎接国家建设的新任务》,《人民教育》第 1 期。

435.《高等教育的方针、任务问题》,《人民教育》第 4 期。

436.《中央人民政府高等教育部关于综合大学的方针和任务的报告》,后收录于华东师大教育科学研究所编:《中华人民共和国建国以来高等教育重要文献选编(上)》,上海:上海高等教育局研究室。

437.《在伟大的毛泽东的旗帜下胜利前进——庆祝中华人民共和国成立四周年》,《人民日报》10 月 1 日。

1954 年

438.《认真参加宪法草案的学习和宣传是我们最光荣的政治任务》,《人民教育》第 8 期。

439.《五年来新中国的高等教育》,《人民教育》第 10 期。

440.《中国民主促进会主席马叙伦的谈话》(拥护中苏会谈公报),《人民日报》10 月 14 日。

441.《中国民主促进会主席马叙伦的谈话》(反对美国与蒋介石签订"共同防御条约"),《人民日报》12 月 12 日。

1955 年

442.《反对美国侵略者策动联合国进行所谓停火的阴谋》,《人民日报》2 月 2 日。

1956 年

443. 马叙伦著:《老子校诂》,北京:古籍出版社。

444.《〈马叙伦学术论文集〉前言》,后收录于《马叙伦学术论文集》。

445.《埃及人民的斗争一定能够胜利》,《人民日报》8 月 19 日。

446.《纪念孙中山先生九十岁生日片断的回忆》,《人民日报》11 月 13 日。

447.《一个承先启后的革命家——纪念孙中山先生》,《光明日报》11 月 9 日。

1957 年

448. 马叙伦著:《说文解字六书疏证》(30 卷),北京:科学出版社。

449.《关于辛亥革命浙江省城光复记事的补充资料》，《近代史资料》第 1 期。

450.《文字必须进行改革》，《文字改革》第 11 期。

451.《中国共产党万岁》，《浙江日报》7 月 1 日。

452.《〈说文解字六书疏证〉成记之》，后收录于《马叙伦诗词选》。

453.《十月社会主义革命的光辉道路——纪念十月社会主义革命四十周年》，《人民日报》10 月 13 日。

1958 年

454. 马叙伦著：《庄子天下篇述义》，上海：龙门联合书局。

455. 马叙伦著：《马叙伦学术论文集》，北京：科学出版社。

456.《文改笔谈》（与叶圣陶等人的文章结集为此文），《文字改革》1 月号。

457.《〈太炎先生自定年谱〉补遗》，《近代史资料》第 1 期。

1961 年

458.《我在辛亥这一年》，收录于全国政协文史资料研究委员会编：《辛亥革命回忆录》（第 1 集），北京：中华书局。

1962 年

459. 马叙伦著：《读金器刻词》，北京：中华书局。

1964 年

460. 马叙伦著：《马叙伦墨迹选集》，北京：人民美术出版社。

1985 年

461. 马叙伦著，周德恒编：《马叙伦诗词选》，北京：文史资料出版社。

462. 马叙伦著，周德恒选编：《马叙伦政论文选》，北京：文史资料出版社。

463. 马叙伦著，寿墨卿编：《马叙伦书法选》，北京：人民美术出版社。

1986 年

464. 《嚼梅咀雪之庵日记摘录》（1946 年 6 月 21 日至 6 月 29 日），《民进》第 6 期。

1989 年

465. 马叙伦著：《马叙伦先生法书选集》，上海：上海书画出版社。

2018 年

466. 马叙伦著，许嘉璐主编：《石屋余渖　石屋续渖》，杭州：浙江古籍出版社。

467. 马叙伦著，许嘉璐主编：《石鼓文疏记　读金器刻词　天马山房藏书总目　天马山房藏书目》，杭州：浙江古籍出版社。

2019 年

468. 马叙伦著，许嘉璐主编：《庄子义证　庄子天下篇述义》，杭州：浙江古籍出版社。

2020 年

469. 马叙伦著，许嘉璐主编：《老子校诂》，杭州：浙江古籍出版社。

2021 年

470. 马叙伦、卢礼阳著，许嘉璐主编：《我在六十岁以前　马叙伦年谱》，杭州：浙江古籍出版社。

后　记

　　《马叙伦教育文选》原定安排在"开明教育书系"（第二辑）出版。民进中央研究室会史处于2023年初启动了《马叙伦教育文选》编选工作。我和张歌同志先后多次讨论研究选文与生平撰写的具体原则与要求。8月，张歌同志提交了初步选取的稿件、目录和编选说明。我们就此进行了认真的讨论，并调整了部分文章篇目。

　　由于当时文稿等基础尚不成熟，而且一些文章短时间难以找到，我们决定将文选出版时间推迟，纳入"开明教育书系"（第三辑）中出版。11月24日，我召集开明出版社，民进中央宣传部、研究室相关同志开会，研讨"开明教育书系""稻草人儿童文学丛书""中国民主促进会八十年"等出版事宜，再次对《马叙伦教育文选》的选编工作提出了意见与建议。

　　在教育部、国家图书馆和浙江古籍出版社的大力支持下，同时得到杭州师范大学尤东进教授、南开大学刘尊志教授的热忱帮助，我们基本找齐了马叙伦在各个时期关于教育的文章，并将其分为四个部分：一、教育思想概说，包括女子教育、儿童教育、科普教育、教育整顿和改进等内容；二、思想启蒙与公民教育，包括思想解放、民主思想、青年教育等内容；三、文字研究与改革，包括中国文字研究、解读，文字改革，中小学教师应注意中国文字研究等内容；四、社会主义新教育制度探索，包括中华人民共和国成立后在部分教育会议上的讲话，关于教育工作的报告，建国几年来教育事业的成就等内容。在此，特别感谢教育部、国家图书馆、浙江古籍出版社，以及尤东进、刘尊志两位教授对我们的帮助和支持。

在编选过程中，我们参考了马叙伦所著《我在六十岁以前》、江渤所著《马叙伦》、卢礼阳所著《马叙伦》《马叙伦年谱》、民进会史人物传记《马叙伦》、林辉锋所著《马叙伦与民国教育界》、文史资料出版社出版的《马叙伦政论文选》等书籍资料。引用的部分已经在前言中加以注明，限于篇幅等原因，有些未标明，在此谨向原作者表示衷心感谢！

民进中央主席蔡达峰高度重视书系的编选与出版工作，多次提出明确要求，指导编写工作。民进中央研究室分管副主席高友东、原副秘书长朱一多和研究室主任姜其和把书系的选编纳入部门重要工作，及时协调解决编写工作中的各种问题，使选编工作得以顺利推进。衷心感谢他们的关心、帮助和支持。

非常感谢民进会员卢礼阳同志为我们整理撰写了《马叙伦著述年表》。他是马叙伦研究的专家，出版过多部相关的研究论著。

最后，要特别感谢张歌同志卓有成效的工作。我一直希望民进中央机关的同志加强读书学习，成为某个问题的小专家。近年来，研究室的同志们在参政党理论研究和会史研究方面有了很大进展，不少同志在媒体上发表相关研究文章，《马叙伦教育文选》《雷洁琼教育文选》等就是他们结合本职工作的研究成果。

马叙伦先生是民进的主要创始人和杰出领导人。2025 年，是马叙伦先生诞辰 140 周年。谨以这本小书，献给先生 140 周年诞辰。

朱永新

2024 年元宵节写于北京滴石斋

开明教育书系（第一辑）

不安故常
——俞子夷教育文选

俞子夷著　丁道勇选编

定价：85.00 元

新人的产生
——周建人教育文选

周建人著　朱永新 周慧梅选编

定价：75.00 元

造就女界领袖
——吴贻芳教育文选

吴贻芳著　吴贤友选编

定价：50.00 元

教是为了不需要教
——叶圣陶教育文选

叶圣陶著　朱永新选编

定价：130.00 元(全二册)

教育要配合实践
——车向忱教育文选

车向忱著　车红选编

定价：70.00 元

谋求适合中国国情的教育
——杨东莼教育文选

杨东莼著　周洪宇选编

定价：65.00 元

改造我们的教育
——董纯才教育文选

董纯才著　姚宏杰 王玲选编

定价：85.00 元

教学是最渊博最复杂的艺术
——傅任敢教育文选

傅任敢著　李燕选编

定价：65.00 元

教育必须是科学的
——陈一百教育文选

陈一百著　裴云选编

定价：60.00 元

生命·生活·生态
——顾黄初教育文选

顾黄初著　梁好选编

定价：75.00 元

开明教育书系（第二辑）

办教育要有精神
　——吴研因教育文选
　　吴研因著　刘立德选编
　　　定价：78.00元

教育的任务是人的全面发展
　——许崇清教育文选
　　许崇清著　周济光选编
　　　定价：65.00元

把儿童看作儿童
　——沈百英教育文选
　　沈百英著　吴贤友选编
　　　定价：88.00元

向传统教育挑战
　——林汉达教育文选
　　林汉达著　朱永新选编
　　　定价：65.00元

做学习的主人
　——辛安亭教育文选
　　辛安亭著　刘立德 刘畅选编
　　　定价：85.00元

教育发展的希望在教师
　——雷洁琼教育文选
　　雷洁琼著　朱永新 吴宏英选编
　　　定价：98.00元

有领导的"茶馆"式教学
　——段力佩教育文选
　　段力佩著　李元选编
　　　定价：60.00元

创造适合学生发展的活教育
　——方明教育文选
　　方明著　储朝晖选编
　　　定价：65.00元

教育的民族化和科学化
　——张志公教育文选
　　张志公著　王本华 李嘉哲选编
　　　定价：85.00元

小学生语文能力整体发展
　——吕敬先教育文集
　　吕敬先著　王晓霞选编
　　　定价：58.00元

图书在版编目（CIP）数据

民主与教育：马叙伦教育文选/马叙伦著；朱永新，张歌选编. --北京：开明出版社，2025.4.（开明教育书系/蔡达峰主编）. --ISBN 978-7-5131-5308-9

Ⅰ.G4-53

中国国家版本馆 CIP 数据核字第 2025ZJ4996 号

出 版 人：沈　伟
责任编辑：卓　玥　程　刚

民主与教育：马叙伦教育文选

MINZHUYUJIAOYU：MAXULUNJIAOYUWENXUAN

出　　　版：开明出版社
　　　　　　（北京海淀区西三环北路 25 号　邮编 100089）
印　　　刷：保定市中画美凯印刷有限公司
开　　　本：710 mm×1000 mm　1/16
成品尺寸：170 mm×240 mm
印　　　张：15
字　　　数：187 千字
版　　　次：2025 年 4 月第 1 版
印　　　次：2025 年 4 月第 1 次印刷
定　　　价：50.00 元

印刷、装订质量问题，出版社负责调换。联系电话：（010）88817647